AF453768

LETTRES

SUR LES

FABRIQUES D'HORLOGERIE

Paris.—Imprimerie SAINTIN-DANTAN-PINARD,
Cour des Miracles, 9.

LETTRES

SUR LES

FABRIQUES D'HORLOGERIE

DE LA SUISSE ET DE LA FRANCE,

PAR

Pierre DUBOIS,

Auteur de l'*Histoire de l'Horlogerie*, etc.

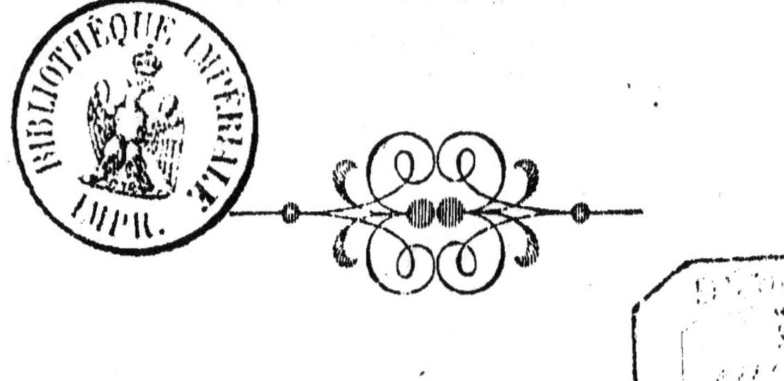

PARIS

A L'ADMINISTRATION DU MOYEN AGE,

5, RUE DE PONT-DE-LODI, 5.

ET CHEZ L'AUTEUR, FAUBOURG-POISSONNIÈRE, 13.

—

M DCCC LIII.

PRÉFACE.

Les lettres que j'offre ici aux lecteurs ont été déjà insérées dans la *Patrie*, et, je dois le dire, elles y ont obtenu plus de succès que je ne l'espérais. Reproduites, pour la plupart, dans des journaux français et étrangers, je devais croire que leur publicité avait été suffisante; il n'en a pas été ainsi : des demandes réitérées de ces lettres m'ont été adressées après l'épuisement complet des numéros de la *Patrie* qui les contenaient;

j'en ai conclu qu'elles pouvaient encore exci-
ter la curiosité d'une partie du public, et je
me suis décidé à les reproduire dans cette
brochure. J'ai profité de cette occasion pour
revoir avec soin mon travail, pour le corriger
et l'étendre.

Je l'avouerai, visitant pour la première fois
les belles contrées de la Suisse occidentale, et
cette partie de la Savoie qui se rapproche le
plus de la France, j'aurais été heureux de dé-
crire les admirables sites que j'avais sous les
yeux, et de raconter quelques-unes de mes
impressions de voyages; mais je n'ai pas
voulu m'écarter de mon sujet, et j'ai scrupu-
leusement suivi la route que, dans un but
d'utilité, je m'étais tout d'abord tracée. Toutefois, écrivant dans un journal répandu dans
toutes les classes de la société, j'ai dû, pour
ne pas fatiguer l'attention de mes lecteurs, jeter, autant que je le pouvais, quelque variété
dans mes lettres, et éviter d'y faire entrer trop
de détails techniques, qui n'auraient été compris que par les gens du métier.

Aujourd'hui, ma position n'est plus la

même; car je m'adresse particulièrement aux horlogers; c'est pour eux que je publie ce recueil, dans lequel ils trouveront, j'en ai la confiance, beaucoup de faits intéressants et instructifs touchant la fabrication des montres en Suisse et en France.

On le comprendra sans peine, le travail accompli par moi dans ces lettres n'était pas des plus faciles, et il devait, par sa nature, me susciter quelques désagréments. En effet, les fabriques où s'élabore un produit quelconque ne peuvent pas être toutes au même niveau; il est entre elles des degrés différents, soit pour la quantité, soit pour la qualité du produit; et cependant les manufacturiers, à quelque catégorie qu'ils appartiennent, petits ou grands, justement renommés ou d'une nullité complète, veulent être placés au premier rang.

Il est positivement vrai, néanmoins, que Genève fabrique mieux, en général, que les autres cantons de la Suisse; c'est aussi un fait positif que les montres sortant de la vallée du lac de Joux sont préférables, sauf quelques exceptions, à celles, par exemple, de Sainte-Croix ; et enfin, il est certain que la fabrique du Locle est supérieure pour la qualité à celle de la Chaux-de-Fonds. Eh bien ! ne devais-je pas constater ces vérités, qui sont généralement reconnues? Certes, c'était un devoir pour moi, et je me suis bien gardé d'y manquer. Qu'en est-il résulté cependant? c'est facile à comprendre : les fabricants dont j'ai loué les produits ont été satisfaits, tous les autres ont été mécontents. J'avais bien prévu ce résultat, mais, fort de ma conscience, les petites tracasseries dont j'ai été l'objet ne m'ont pas ému le moins du monde.

J'ai fait aussi d'autres mécontents, et ceux-ci malheureusement se trouvent parmi les horlogers de Paris. Ces messieurs ont trouvé que je faisais la part trop belle aux Suisses (on m'a reproché le contraire dans le journal *le Neuchatelois*) ; on a dit que je portais un grave préjudice aux marchands parisiens en prévenant les acheteurs que toutes les montres vendues dans nos magasins d'horlogerie sortaient des fabriques de la Suisse et de Besançon. J'ai eu en effet les torts que l'on me reproche, et je n'en éprouve aucun regret, car je sais qu'en cela, comme en beaucoup d'autres choses, je serai compris et approuvé de ceux de mes confrères qui, repoussant tout charlatanisme, ne font entendre au public que des paroles de vérité.

Je ne l'ignore pas, un voyageur qui explore des localités qu'il ne connaissait pas encore, et des fabriques multipliées à l'infini, peut commettre quelques erreurs, et je sais qu'il s'en est glissé plus d'une dans mes lettres ; mais j'ai la certitude qu'elles n'étaient pas graves, et surtout qu'elles ne pouvaient porter préjudice à personne. Toutefois, je les ai rectifiées avec le plus grand soin, comme on le verra en parcourant les pages de ce recueil, et par là j'ai prouvé aux fabricants d'horlogerie que, même dans les plus petites choses, je tenais à rester strictement impartial et véridique. Cette volonté était chez moi inébranlable, et on n'en doutera pas lorsque l'on saura que, dans la crainte de me laisser influencer par des manufacturiers qui m'ho-

norent de leur amitié ou qui sont mes cor-
respondants, j'ai eu le courage de passer incognito devant le seuil de leur demeure, et
s'ils ont su plus tard que j'avais séjourné
dans leur pays, ce n'a été qu'en lisant mes
lettres dans le journal qui les a publiées. Mes
visites ont été exclusivement consacrées aux
ouvriers, et c'est en examinant attentivement
leurs œuvres que j'ai pu apprécier le mérite
de la fabrication en Suisse, dans les cantons
de Genève, de Vaud, de Neuchatel et de Berne, et en France, dans les départements du
Doubs, du Jura, du Haut-Rhin et de la Seine-
Inférieure.

Mes lettres ne contiennent donc aujour-
d'hui que des choses positivement vraies. On
trouvera avec plaisir à la fin du volume quelques notes relatives à l'histoire de l'art, des
documents nouveaux sur les fabriques d'horlogerie que j'ai visitées, et enfin des esquisses
biographiques concernant plusieurs horlogers
célèbres, parmi lesquels on remarquera Caron de Beaumarchais, qui, tandis qu'il avait
déjà peut-être sur le métier le canevas du

Barbier de Séville ou celui du *Mariage de Figaro*, inventait l'échappement à double virgule, l'un de nos meilleurs échappements.

Je ne terminerai pas cette petite préface sans remercier M. Delamarre, l'honorable propriétaire-directeur de la *Patrie*, de la faveur qu'il m'a faite en acceptant ma collaboration, et surtout en me donnant mission d'écrire ces lettres sur les fabriques d'horlogerie de la Suisse et de la France. Il m'a permis de faire connaître au public une des plus belles et des plus riches industries humaines, et d'appeler l'attention du gouvernement sur des faits qu'il ne doit pas ignorer, car plusieurs d'entre eux ont assez de gravité pour éveiller sa sollicitude, et pour motiver sa puissante intervention.

LETTRES

SUR LES FABRIQUES D'HORLOGERIE

DE LA SUISSE ET DE LA FRANCE.

PREMIÈRE LETTRE.

Genève, 1 août 1852.

Monsieur,

Bien des livres ont été écrits sur la Suisse : Voyages, Promenades, Guides, Manuels, Panoramas, etc., etc. Des poètes, des peintres, des touristes de toutes les nations, ont cent fois décrit le Saint-Gothard, le Mont-Blanc, la vallée de Chamouni, les lacs, les glaciers inaccessibles, les forêts de pins séculaires, et surtout les chalets bâtis sur le penchant des collines, « où l'on respire un air si pur ! »

Tout voyageur et toute voyageuse, dans ce « pays enchanté; » a nécessairement vu tomber des avalanches gigantesques « avec un bruit comparable à celui du tonnerre, » car Dieu, ou l'imagination aidant, ces effroyables éboulements arrivent au moins une fois pour tout le monde : on dirait même que ces montagnes de glaces et de rochers attendent pour s'écrouler et tout détruire sur leur passage que les spectateurs soient placés commodément pour ne rien perdre de l'émouvant spectacle qui va commencer.

Vous n'attendez pas de moi, monsieur, que je fasse à vos lecteurs de semblables récits. Ce n'est pas là la mission que vous m'avez donnée et que j'ai acceptée avec plaisir, car elle me fournira l'occasion, je l'espère, de me rendre utile à l'une des branches les plus importantes de notre industrie nationale, à notre commerce et à nos manufactures d'horlogerie.

Je fouillerai dans les vieilles archives de la Suisse, afin de savoir comment se sont formées les premières fabriques de ce pays, et comment, favorisées par des événements survenus dans des États limitrophes, elles se sont accrues et sont devenues florissantes et riches.

Ce sera là la première partie de mon travail.

Dans la seconde partie, après avoir étudié attentivement les fabriques modernes des cantons, leurs moyens de fabrication, leurs outils-machines, etc., je dirai pourquoi elles continuent de s'agrandir et de prospérer, et comment, malgré l'activité industrielle des nations rivales, elles alimentent presque exclusivement tous les marchés étrangers. Lorsque j'aurai fait, dans mes patientes pérégrinations, toutes les recherches qui me seront nécessaires, recherches qui n'ont jamais été faites jusqu'à présent, j'irai visiter nos propres fabriques dans le Doubs, le Jura, le Haut-Rhin, la Seine et la Seine-Inférieure; et, après que j'aurai pu constater les progrès ou la décadence de ces diverses manufactures, je dirai ce que, à mon avis, il faudrait faire pour augmenter l'importance des unes et régénérer les autres, et enfin les moyens que nos fabricants eux-mêmes devraient employer afin de pouvoir bientôt rivaliser, pour le bon marché et la qualité de la marchandise, avec les meilleures manufactures de la Suisse.

Tel est, monsieur, le but que vous désirez me voir atteindre, et je l'atteindrai, j'ose le croire, à force de persévérance, et peut-être aussi grâce aux relations amicales que je me suis créées, en France et à l'étranger, par suite de divers écrits sur l'art chronométrique, que j'ai publiés dans ces dernières années (1).

Je dois déclarer dès à présent que, quelles que soient mes prédilections pour mon pays, je ne serai jamais injuste envers la Suisse : j'honore les hommes de cette nation parce que c'est par le travail, par leur probité dans les transactions commerciales, et par leur habileté incontestable dans les arts mécaniques, qu'ils ont obtenu tous

------

(1) *Histoire et Traité de l'Horlogerie* ancienne et moderne, précédés de recherches sur la mesure du temps dans l'antiquité, et suivis de la biographie des horlogers célèbres, etc.; un volume in-4° avec figures. Prix, broché, 30 francs.

La Tribune Chronométrique et Historique, etc.; un volume in-8° avec figures. Prix, 12 francs, chez l'auteur, 13, rue du Faubourg-Poissonnière.

leurs succès; et si, dans les lettres que j'aurai l'honneur de vous écrire, j'examine leurs produits en les comparant avec les nôtres, ce sera avec cette scrupuleuse impartialité dont j'ai déjà fait preuve à Londres, dans mes lettres sur l'Exposition universelle.

Avant de commencer mes investigations et appréciations artistiques, il n'est pas inutile de dire ici quelques mots sur l'histoire elle-même de l'horlogerie, dont les principaux traits ne sont pas assez connus.

Comme on le pense bien, cette science, aujourd'hui si haut placée, et qui se rattache à toutes les autres sciences positives ou d'application, n'apparut pas tout-à-coup dans le monde comme, par exemple, l'électricité ou la locomotion par la vapeur; elle fut l'œuvre d'une longue suite de siècles pendant lesquels les plus illustres savants concoururent à sa fondation définitive.

Les peuples de l'antiquité, depuis Moïse jusqu'à César-Auguste,.et depuis celui-ci jusqu'à Robert Iᵉʳ, ne connurent que les gnomons, ou cadrans solaires, les clepsydres et les sabliers. Ce fut, dit-on, Gerbert (le pape Sylvestre II) qui, ayant inventé l'échappement à roue de rencontre, et adapté le poids moteur aux clepsydres à rouages, en fit des horloges purement mécaniques. Ce fait important me paraît très vraisemblable. Oui, Gerbert, le plus grand mathématicien de son époque, le studieux élève des savants Arabes de Cordoue et de Barcelone, a pu faire ces importantes découvertes, mais aucun document sérieux ne le prouve, tout est vague à cet égard dans l'histoire de Gerbert ; c'est donc le cas pour un écrivain consciencieux de s'abstenir, afin de ne pas induire le public en erreur.

Ce qui est, par exemple, positif, c'est que les horloges proprement dites parurent en Europe peu de temps après la mort du pape Sylvestre II. Ces horloges, massives et grossièrement exécutées, marquaient les heures, mais elles ne les sonnaient pas.

Le besoin du rouage de la sonnerie se faisait particulièrement sentir dans les monastères, où les moines étaient obligés de veiller à tour de rôle pour avertir les membres de la communauté des devoirs religieux qu'ils avaient à remplir pendant la nuit.

Les auteurs qui ont écrit dans le cours du onzième siècle parlent des horloges à poids et contrepoids de manière à faire supposer qu'elles étaient déjà communes à leur époque, surtout en Italie, en Allemagne et dans les Flandres; mais aucun de ces auteurs ne mentionne l'existence, dans ces machines, d'un rouage auxiliaire propre à faire sonner les heures. Cette mention se trouve, pour la première fois, consignée dans les usages de l'ordre de Cîteaux, compilés, vers 1120, par le moine Dom Calmet.

Après cette admirable conquête de l'art, nulle autre invention importante ne fut faite dans l'horlogerie jusqu'à la fin du quatorzième siècle, époque à laquelle Paris, la capitale du royaume de France, eut enfin sa première horloge publique monumentale. Ce fut Charles V qui la fit construire dans la tour de son palais, tour qui existe encore aujourd'hui dans la Cité, à l'angle de la rue de la Barillerie et du quai dit de l'Horloge. Le cadran extérieur de cette machine fut réparé et embelli à différentes époques, notamment sous Henri III, Charles IX et Louis XIV. Les écussons et emblèmes monarchiques dont ce cadran était décoré, furent brisés ou mutilés par le peuple, en 93, mais, de nos jours, S. M. Louis-Philippe le fit restaurer, et l'inauguration en fut faite sous la présidence républicaine de Louis-Napoléon Bonaparte.

La pièce d'horlogerie qui fonctionne aujourd'hui dans l'intérieur du monument, à la place même qu'occupait celle de Henri de Vic, a été exécutée par M. Henri Lepaute (1).

Je ne parlerai pas des horloges du 16e et du 17e siècle. On sait quelles furent leur magnificence et la complication de leurs rouages. J'ai donné dans d'autres ouvrages la description des principales horloges de ces époques mémorables ; je me bornerai maintenant à dire quelques mots touchant l'horlogerie portative, sujet intéressant par lequel je terminerai cette lettre.

Personne ne conteste cette vérité, qu'une montre, que ce nom lui vienne du mot latin *monstrum* (prodige) ou du verbe *montrer*, est un des objets les plus utiles et les plus indispensables à l'homme.

---

(1) Voir la note 1re à la fin du volume.

Les montres ne furent inventées que longtemps après les grosses horloges : elles parurent vers la fin du XVe siècle, époque où la renaissance des arts commençait en Italie, pour s'étendre bientôt dans toute l'Europe. Les premières montres étaient naturellement fort grosses, et on ne pouvait les porter ni au cou ni dans la poche; elles restaient en place dans les appartements; mais on pouvait, sans nuire à leur marche, les transporter facilement d'un lieu à un autre. Louis XI possédait une montre de cette sorte; elle était placée sur une table, dans son cabinet de travail, où elle faisait l'admiration des courtisans, si bien qu'un jour l'un d'eux tenta de se l'approprier par un vol. Le roi s'en étant aperçu, fit arrêter le personnage, qui pouvait fort bien payer de sa tête l'action honteuse qu'il avait commise; mais l'histoire constate que Louis XI lui pardonna.

Au commencement du 16e siècle, quelques montres, fabriquées en Italie et en Allemagne, étaient déjà fort petites relativement aux anciennes. A l'époque de François 1er et sous le pontifical de Léon X, elles devinrent des objets

d'art d'un grand prix, ainsi que les petites horloges portatives.

A cette époque, si grande dans l'histoire, les
plus illustres personnages, tels que Charles-Quint,
Henri VIII, François 1er, Paker, archevêque de
Cantorbéry ; Richard, évêque d'Ély ; Guid'Ubaldo
della Rovere, Maximilien d'Autriche, etc., possédaient des montres admirablement belles. Charles-
Quint fit plus que de s'intéresser à l'horlogerie : il
aima passionnément cette belle science. On sait,
en effet, qu'après avoir déposé volontairement la
couronne impériale, ce prince, voulant terminer
sa vie dans la retraite, trouva dans son goût
pour les arts mécaniques un secours assuré contre les ennuis résultant de la monotonie du cloî-
tre. Il engagea Jannellus Turianus, un des plus
grands mathématiciens de son époque, à venir
habiter avec lui le couvent de Saint-Just ; et là,
ces deux hommes, célèbres à divers titres, com-
posèrent des pièces mécaniques fort curieuses,
dont les effets surprenants émerveillèrent les religieux du monastère.

Turianus et son illustre émule construsirent
successivement de grosses montres à quantième

et à réveil-matin, des horloges portatives à automates, etc. Charles-Quint se fût trouvé heureux
s'il eût pu parvenir à les régler simultanément;
mais quelles que fussent les peines qu'il se donnait, il gémissait, dit-on, de voir chacune de ces
horloges varier plus ou moins et sonner la même
heure à quelques minutes d'intervalle. Le vain-
queur de François 1er, et le plus profond politique du 16e siècle, tentait en effet l'impossible.
On faisait, à son époque, des pièces d'horlogerie merveilleusement travaillées; mais il n'était
donné à personne de les faire marcher sans per-
turbation. Galilée ne vivait pas encore! Huy-
ghens n'avait pas appliqué le ressort-spiral au
balancier des montres!

On sait quels furent les progrès de l'horlogerie sous Charles IX et Henri III; ces progrès
s'arrêtèrent pendant les règnes de Henri IV et
de Louis XIII; mais sous le règne du grand roi,
d'heureuses applications aux rouages des montres rendirent celles-ci infiniment plus régulières
que les anciennes.

Déjà, depuis longtemps, on faisait des montres qui sonnaient les heures et les quarts, com-

me les pendules et les horloges monumentales, mais on n'avait pas encore trouvé le moyen de leur faire sonner, à volonté, les heures du jour ou de la nuit. Cette importante invention fut faite à Londres en 1780, par un horloger nommé Tompion. C'est de cette époque que datent les montres dites à répétition, dont l'effet se produisait, comme à présent, en poussant un bouton dans l'intérieur du mécanisme. Julien Le Roi améliora particulièrement ce nouveau genre de montres, et celles qu'il fabriquait étaient recherchées en France comme à l'étranger.

Nous arrivons au dix-huitième siècle: c'est l'époque des grandes découvertes en horlogerie. Ce fut alors que l'on inventa une foule d'outils-machines propres à la fabrication, que l'on fit des échappements nouveaux infiniment supérieurs aux anciens, des sphères mouvantes, des pendules et des montres marquant l'équation du temps, des régulateurs astronomiques, des montres à secondes indépendantes, et enfin des chronomètres nautiques et portatifs.

Ce fut aussi pendant le cours de ce siècle, que s'illustrèrent les horlogers anglais, John Ellicoot,

Sully, Graham, Harisson, Thomas Mudge, Arnold, etc.; l'horloger genevois Romilly, et enfin les grands artistes de la France : Lebon, Julien Le Roi, Enderlin, Dutertre, Rivas, Gaudron, Pierre Le Roi, Ferdinand Berthoud, Le Paute, Breguet, Antide Janvier, et enfin Pierre-Augustin Caron, si célèbre sous le nom de Beaumarchais (1).

Tel est en abrégé l'histoire de l'horlogerie en Europe. Nous allons maintenant nous occuper des manufactures de la Suisse. Nous commencerons par celle de Genève. Ce sera là, monsieur, le sujet de la seconde lettre que j'aurai l'honneur de vous écrire très prochainement.

Agréez, etc.

----

(1) Voir la note 2ᵉ, à la fin du volume.

DEUXIÈME LETTRE.

Genève, 6 août 1852.

MONSIEUR,

Les guerres qui désolèrent la Suisse pendant le moyen âge furent naturellement contraires à l'agriculture, aux beaux-arts et au commerce de ce pays, et aucune manufacture importante n'y fut fondée jusqu'au règne de Louis XII. Ce fut vers cette époque qu'Erasme, dans ses spirituels écrits, jeta le ridicule, non pas sur l'Eglise catholique, mais sur les membres du clergé, dont les mœurs, en général, étaient alors on ne peut plus relâchées. Bientôt Luther et Swingli levèrent l'étendard de la révolte contre les droits et prérogatives du Saint-Siége, et après bien des scandales et des guerres sanglantes, la réforme triompha, non seulement en Suisse, mais encore dans presque toute l'Allemagne, en Angleterre et même dans plusieurs parties de la France. C'est un fait que cette réforme eut des suites commerciales fort avantageuses pour les cantons helvétiques, et notamment pour Genève, devenue bientôt la métropole de la religion évangélique.

Malgré l'intolérance des réformateurs, Genève prit une vie nouvelle, et avant la fin du seizième siècle, des manufactures de toute espèce y prospéraient. On n'y voyait pas encore des fabriques d'horlogerie, proprement dites, mais il y avait déjà un certain nombre d'horlogers renommés, et entre autres un habile praticien nommé Clouet, qui inventa les chaînes de montres formées de petites mailles en acier, rivées les unes à la suite des autres, lesquelles remplacèrent avantageusement, à compter du dix-septième siècle, les cordes de boyaux dont on avait fait exclusivement usage jusqu'alors.

Pendant le règne de Louis XIV, le nombre des horlogers augmenta considérablement à Genève;

mais les montres qu'ils fabriquaient, suffisantes pour la consommation intérieure, n'étaient pas exportées à l'étranger. La France, et surtout l'Angleterre, avaient seules alors le monopole des exportations européennes et américaines.

Cependant, Louis XIV, qu'accablaient la vieillesse et le malheur, et qu'une dévotion peut-être exagérée surexcitait, eut la funeste pensée de révoquer l'édit de Nantes : c'était chasser les protestants de la France, et par conséquent décimer nos plus belles manufactures, qui avaient été en grande partie fondées ou agrandies par les disciples de Calvin. Ce coup inattendu et profondément impolitique ne fut profitable qu'aux nations circonvoisines, à la Suisse en général, et particulièrement à Genève, où se réfugièrent des fabricants de toutes sortes, et une très grande quantité d'horlogers, dont l'industrie ne tarda pas à prospérer dans le pays.

Dès ce moment, Genève commença à exporter des pièces d'horlogerie.

Pendant tout le dix-huitième siècle, je l'ai dit dans ma première lettre, la France eut la prépondérance pour l'excellence de ses produits ;

mais Genève eut le privilége du bon marché, et le bon marché, personne ne l'ignore, attire toujours les consommateurs. Les fabriques genevoises faisaient donc déjà beaucoup de tort à la France, mais ce tort devint bien plus grave encore, lorsque la révolution politique et commerciale éclata en 1789.

L'ancienne et honnête corporation des horlogers de Paris fut frappée au cœur, et les membres qui la composaient, désunis, dispersés, malheureusement affranchis des sévères et utiles statuts des communautés, ne s'attachèrent plus aux vrais principes de leur art, et celui-ci périclita bientôt. 93 arriva, et avec lui les exécutions sanglantes, les proscriptions, les assignats, etc. Ce régime n'était pas de nature à relever nos manufactures; et quelques-uns de nos plus habiles artistes, fuyant le sol de la patrie, emportèrent en Suisse leur industrie et leurs capitaux, et dès ce moment Genève devint le centre des plus vastes fabriques d'horlogerie. Cette ville ne se borna pas à nous faire concurrence à l'étranger; nous devînmes ses tributaires, car la plus grande partie des montres que nous vendions

nous étaient apportées par les horlogers suisses.
Ce fut là un malheur pour nous, malheur qui
subsiste encore aujourd'hui, car c'est toujours la
Suisse, et particulièrement Genève, qui nous
fournissent des montres de toute nature : les
horlogers français n'en fabriquent annuellement,
surtout à Paris, qu'un nombre, relativement,
très restreint.

Des écrivains consciencieux, voyageurs, géographes, statisticiens, etc., disent que les fabriques d'horlogerie de Genève n'ont plus la même
importance qu'autrefois, qu'elles n'occupent pas,
par exemple, autant d'ouvriers qu'elles en occu-
pèrent à la fin du dernier siècle et au commencement de celui-ci. Il est très vrai que la fabrique
genevoise employait 5,000 ouvriers en 1790,
qu'elle n'en employa plus que 3,240 en 1792, et
qu'enfin ce dernier nombre était réduit, en 1818,
à 2,027. Il est encore très vrai que Genève ne
compte pas aujourd'hui plus de 1,946 horlogers,
auxquels il faut cependant ajouter 1,022 ouvriers,
monteurs de boîtes, graveurs, ciseleurs, émailleurs, doreurs, etc., qui, tous, concourent, dans
une certaine proportion, à la fabrication des

montres. Oui, tous ces chiffres sont exacts, et cependant la fabrique de Genève, loin d'avoir périclité depuis la fin du dernier siècle, a progressé de toutes les manières. Je vais le prouver.

Les divers outils, simples ou compliqués, qui servent aujourd'hui dans la fabrication, n'étaient pas encore inventés en 1790. Presque toutes les pièces composant une montre ordinaire ou à répétition, à échappement à roue de rencontre ou à cylindre, étaient entièrement exécutées à la main. Il en résultait qu'à l'époque dont je parle, 5,000 ouvriers ne faisaient pas, à beaucoup près, autant de besogne qu'en peuvent faire aujourd'hui 2,000, aidés si puissamment par les outils-machines dont ils font continuellement usage. C'est là ce qui a trompé les faiseurs de statistiques; ils n'ont point cherché à se rendre compte de la transformation radicale qu'a subie la main-d'œuvre, notamment dans les trente dernières années qui viennent de s'écouler.

Voici d'ailleurs des chiffres officiels que je puis opposer avec avantage à ceux que je viens de citer :

En 1790, Genève exportait 14,000 montres d'or

et 40,000 montres d'argent. Ces chiffres furent les mêmes, à peu près, jusqu'en 1802, époque à laquelle', d'après des documents authentiques, l'exportation s'éleva à 15,000 montres d'or et à 45,000 montres d'argent. Il faut dire qu'en 1802 les montres sortant des fabriques de Genève étaient presque exclusivement à roue de rencontre; celles en or revenaient l'une dans l'autre à 80 fr., et celles en argent à 18 fr. tout au plus. L'exportation de ces montres produisait donc environ 2,000,000. En 1818, l'exportation monta à 3,000,000; aujourd'hui Genève fournit de 70 à 80,000 montres d'or par an; il en passe annuellement en France pour 12,000,000, l'Angleterre en reçoit pour plus de 4,000,000; le sursurplus est exporté dans les autres contrées du monde. On voit donc par ces chiffres que la fabrique de Genève est bien loin de s'être amoindrie depuis la fin du dernier siècle. Je devais relever cette erreur, d'autant plus grave qu'elle est accréditée par des hommes sérieux, dont les écrits font autorité dans le monde commercial et savant.

Une chose que je dois vous dire, monsieur, et

qui surprendra probablement la plupart de vos lecteurs, c'est qu'il n'y a pas, à proprement parler, de véritables manufactures d'horlogerie à Genève. Ainsi, par exemple, si l'on va chez M. Bautte, chez M. Mercier ou chez tout autre horloger se disant fabricant, on ne trouvera pas la moindre trace de fabrique. On vous montrera de belles montres, bien décorées et assez bien exécutées, mais c'est tout. Si l'on demande à un de ces fabricants où est sa manufacture, il vous répondra qu'elle est dans telle ou telle partie de la ville, mais il se gardera bien de vous proposer de vous y conduire, car c'est un fait qu'elle n'existe pas.

Le fabricant genevois achète tout bonnement des ébauches au Brassus (canton de Vaud), ou à Fontaine-Melon (canton de Neuchâtel), ou même chez MM. Japy (Haut-Rhin), puis il fait faire l'échappement par tel ouvrier, le finissage par tel autre, et ainsi de suite pour toutes les autres pièces accessoires, jusqu'à ce que la montre soit entièrement terminée.

Sauf deux ou trois exceptions, je doute fort que l'on trouve à Genève dix ouvriers réunis travaillant pour un même individu. Il arrive souvent que, dans un but d'économie, dix ou vingt ouvriers horlogers se livrent à leurs travaux dans un même local, mais ils sont tous indépendants les uns des autres, et ils font, l'un telle pièce, l'autre tel finissage ou repassage, etc., pour divers individus qui souvent ne font que se promener du matin au soir, soit en bateau sur le lac, soit en voiture aux environs de la ville. Du reste, il faut bien le dire, les *fabricants* genevois ne savent pas toujours ce que c'est que le mécanisme d'une montre, mais ils connaissent le prix de revient de chacune des pièces qui la composent, et ils savent très bien la vendre le double de ce qu'elle leur coûte aux étrangers qui viennent acheter chez eux, notamment aux voyageurs français, qui croient généralement que c'est seulement à Genève qu'on trouve de bonnes montres à bon marché. Cette erreur se maintiendra encore longtemps, grâce au charlatanisme de quelques marchands genevois, et surtout à la crédulité proverbiale des voyageurs parisiens.

Cependant, Monsieur, il y a à Genève deux ou trois fabricants ayant véritablement l'amour de l'art, et cherchant continuellement à améliorer, à perfectionner leurs produits. Tels sont, par exemple, MM. Patek et Philippe, dont j'ai déjà eu l'occasion d'apprécier l'excellente horlogerie, lors de l'Exposition universelle; tels sont aussi M. Soldano et M. Vacheron.

MM. Patek et Philippe sont des fabricants dans toute l'acception du mot, car ils occupent chez eux, et font travailler sous leurs yeux, une très grande quantité d'ouvriers dans tous les genres. La plupart des calibres qu'ils emploient leur appartiennent, et tout, même les ébauches, les échappements et les repassages ou finissages, se font dans leurs ateliers, dans lesquels se trouvent une suite très intéressante d'outils-machines, découpoirs, scies mécaniques, tours à burins fixes, etc., etc. Les mouvements ne sortent de leur maison que pour être livrés au monteur de boîtes, au guillocheur, à l'émailleur, au graveur, etc.; puis, lorsque ces divers travaux sont exécutés, les montres leur reviennent, et elles sont de nouveau visitées et réglées par M. Philippe, le jeune et habile associé de M. Patek, et l'un des meilleurs horlogers de Genève.

Ces fabricants sont en possession d'un système de *remontage* sans clé, très ingénieux et très solide. On le copie très souvent au Brassus et ailleurs; mais, d'après les échantillons que j'ai vus de ces copies, elles ne valent pas, à beaucoup près, les originaux. Cette maison est donc une des plus importantes de Genève; mais je me hâte de le dire, M. Philippe est Français, et c'est dans nos ateliers qu'il a fait son éducation professionnelle. M. Patek s'occupe plus particulièrement des affaires commerciales, mais il n'en est pas moins un appréciateur très distingué en horlogerie, et il prête un heureux concours à la fabrication.

M. Soldano n'est peut-être pas un fabricant proprement dit, et il n'occupe chez lui qu'un très petit nombre d'ouvriers, mais c'est un horloger d'un haut mérite, employant toujours les meilleurs artistes dans tous les genres, et travaillant par lui-même assidûment pour améliorer autant que possible les ouvrages qui sortent de chez lui. Son exportation est assez considérable.

M. Vacheron possède des outils-machines pour faire avec une grande célérité et très bien des ébauches de mouvements à cylindre, simples ou à répétition. Ces ébauches sont d'un calibre déjà ancien, et on ne les emploie pas pour faire des montres très plates, très élégantes ; mais elles sont excellentes pour la fabrication des montres ordinaires.

Ce qui rend l'horlogerie de Genève si précieuse aux yeux des étrangers, c'est l'élégance que savent donner aux boîtes des montres les ouvriers qui les exécutent. Rien n'est, en effet, plus parfait que la forme de ces boîtes ; qu'elles soient simplement guillochées, ou qu'on les ait enrichies de ciselures, de gravures, d'émaux peints, de perles fines ou de diamants, elles conservent toujours le cachet genevois. C'est même là la seule chose aujourd'hui qui distingue les montres de Genève de celles de la Chaux-de-Fonds, du Locle ou de la vallée du lac de Joux, dont j'aurai bientôt à vous parler.

Il y a à Genève quelques ouvriers particulièrement renommés dans diverses branches de l'horlogerie ; ce sont : M. Chenevière, pour la construction des chronomètres de bord ; M. Léchaud, pour les échappements à détente à ressort ou sur pivots, et l'échappement dit à ancre : ces deux échappements qui ne s'emploient que pour les instruments d'une parfaite précision, sont d'une exécution fort difficile; et ce n'est guère qu'à Paris ou à Londres que l'on trouve des ouvriers pour les construire d'après les vrais principes de l'art. Je citerai aussi tout particulièrement MM. Reverdin, Lecoultre-Soldano, Blanc, Marinet et Dermini, qui se sont fait un nom recommandable pour l'exécution de ces petites montres microscopiques, ornant les bracelets, les bagues, les lorgnons des dames qui veulent se distinguer par la richesse de leur toilette et l'originalité de leurs bijoux. Je suis loin de vouloir ici préconiser ces sortes de montres qui ne donnent jamais l'heure exactement, mais je n'en dois pas moins reconnaître le merveilleux talent qui distingue les ouvriers qui les exécutent. Parmi les artistes dont je viens de citer les noms, deux sont Français, MM. Marinet et Dermini, et, je le constate avec plaisir, ils sont, malgré leur origine, fort estimés de MM. les Genevois qui pourtant généralement ont de fâcheuses et injustes préventions contre les étrangers pratiquant l'horlogerie.

M. Rochat est un homme à part dans la fabrique. Ce n'est pas précisément un horloger, il fait des oiseaux mécaniques chantant, ouvrant et refermant les ailes, remuant le bec et la queue, etc. Rien n'est délicat comme le mécanisme intérieur de ces oiseaux, que l'on place habituellement sur une tabatière, sur un serre-papier, ou sur tout autre objet d'utilité ou de fantaisie. Si je ne me trompe, M. Rochat était l'auteur de cet oiseau chantant qui figurait à l'Exposition universelle, dans la vitrine de M. Bautte, et qui était l'objet de l'admiration ou du moins de la curiosité publique.

Je cite en dernier M. Lutz, et cependant, cet artiste jouit d'une considération très distinguée à Genève, et il mérite à tous égards cette considération, car c'est un homme précieux pour la fabrique : il a amélioré les *ressorts-spiraux* pour les montres et les chronomètres, et personne aujourd'hui, dans ce genre de travail difficile, ne peut lui disputer la première place : aussi a-t-il reçu la grande médaille à la suite de l'Exposition universelle. Les horlogers de tous les pays ont vu avec plaisir cet acte de justice.

Ce qui contribue beaucoup à former de bons ouvriers à Genève, c'est l'école d'horlogerie que l'on a créée dans cette ville. Cette école est divisée en six classes, dont chacune a son professeur spécial. On enseigne l'art de faire les *blancs* et les pignons dans la première classe, la *cadrature* dans la seconde, les *finissages* dans la troisième, l'échappement à cylindre et le *plantage* dans la quatrième, les échappements libres dans la cinquième, et enfin le *repassage* et le *réglage* dans la sixième.

Cette année, on a créé, spécialement pour les filles (1), une école d'horlogerie qui pourra devenir très importante par la suite ; on y compte dans ce moment-ci 25 élèves ; l'année prochaine il y en aura 40.

Je crois n'avoir rien omis d'essentiel dans l'aperçu succinct que je viens de faire de la fabrique d'horlogerie de Genève. Je n'ai pas voulu, obéissant en cela à un sentiment patriotique mal entendu, chercher à jeter la défaveur sur des hommes, sur des artistes recommandables à di-

----

(1) Voir la note 3e à la fin du volume.

vers titres, j'ai dit purèment la vérité, sans me préoccuper de la satisfaction que je procurais aux uns, et des blessures que je faisais à l'amour-propre des autres.

C'est donc un fait hors de doute que l'on fabrique à Genève, généralement, de bonne horlogerie; mais je me hâte de le dire : ce n'est guère qu'après que la presque totalité des montres genevoises ont été revues et soigneusement repassées par les ouvriers français, surtout ceux de Paris, qu'elles peuvent être livrées aux acheteurs. Les repasseurs suisses ne valent pas à beaucoup près les nôtres, et cela se conçoit très bien : l'ouvrier genevois ne fait qu'un apprentissage partiel; il est *blantier* (faiseur d'ébauches), *cadraturier* (c'est l'ouvrier qui fait les pièces se trouvant sous le cadran), faiseur d'échappements, finisseur, etc., il se livre, en un mot, exclusivement à une branche de l'art, et par conséquent, il ne connaît pas celui-ci dans son ensemble; tout ce qu'il fait, c'est par habitude, par routine, et la routine ne suffit pas toujours quand il s'agit de mettre la dernière main, de donner en quelque sorte la vie à un instrument chronométrique

dont les organes, tout délicats qu'ils sont, doivent fonctionner mathématiquement.

L'ouvrier français fait au contraire un apprentissage complet : il exécute successivement toutes
les pièces d'une montre ; on lui enseigne les rap-
ports mécaniques qu'elles ont les unes avec les
autres ; il connaîtra géométriquement les défauts
et les qualités d'un engrenage, d'un échappement,
de quelque nature qu'il soit. Enfin, cet apprenti
devenu ouvrier, continuera pendant toute sa vie
de réparer et de repasser des montres : il n'est
donc pas étonnant qu'il ait une supériorité mar-
quée sur l'ouvrier genevois, qui n'aura fait toute
sa vie qu'une seule et même pièce.

Agréez, etc.

TROISIÈME LETTRE.

Neuchatel, 10 août 1852.

MONSIEUR,

Avant de parler des fabriques d'horlogerie des cantons de Vaud et de Neuchatel, j'aurai quelques mots à dire sur les petites manufactures de la Savoie, manufactures que je suis allé visiter avant mon départ du canton de Genève.

Autrefois, il y a à peine vingt ou vingt-cinq ans, les Savoisiens, dans les montagnes qui avoisinent la France, s'occupaient à fabriquer toutes sortes de pièces de montres communes, de celles que l'on nomme à roue de rencontre. Ces villageois venaient vendre le produit de leurs jardins et celui de leurs *manufactures* dans la petite ville de Cluse. C'était une chose des plus curieuses que d'entendre ces jardiniers fabricants de pièces de montres, crier, sur la place du marché: « Achetez des poireaux, des navets, des oignons, des *coquerets, des roues et des pignons.* » Ou bien : « Venez voir des artichauts, de la salade et des capucines, des *balanciers, des barillets et des platines,* etc., etc.

Ces pauvres habitants des montagnes se livraient ainsi à d'innocentes plaisanteries; mais, au total, ils vendaient avantageusement les fruits et les légumes qu'ils récoltaient pendant l'été, et les petites pièces d'horlogerie qu'ils avaient fabriquées dans leurs chaumières quand la neige en recouvrait les toits.

Cette industrie, qui occupait les hommes, les femmes et les enfants, ne tarda pas malheureusement à leur manquer, car, peu de temps après la révolution de juillet 1830, les montres à roue de rencontre tombèrent en discrédit, et elles furent remplacées, presque généralement, par les montres dites à cylindre, dont la forme est plus commode et le mécanisme meilleur. Depuis cette époque, les industrieux montagnards sardes ne trouvèrent que très difficilement à vendre leur marchandise, et beaucoup de familles en souffrirent cruellement.

Cependant le roi de Sardaigne, qui ne néglige pas les intérêts de ses sujets, a, dans ces dernières années, fait des tentatives pour faire fructifier dans ses États des manufactures d'horlogerie appropriées aux besoins actuels. Ces tentatives ont réussi en partie. Une école d'horlogerie a été fondée à Cluse, et c'est à un Français, à M. Benoît, que Sa Majesté sarde en a confié la direction. Cette école a déjà produit de bons ouvriers dans toutes les branches de la partie, et aujourd'hui, grâce à la protection dont jouissent les ouvriers horlogers qui s'établissent en Savoie, ce pays exporte à l'étranger des ébauches de montres à cylindre d'un prix excessivement réduit. La fabrique de Cluse réussit surtout dans la fabrication des pignons de montres, et elle en envoie pour des sommes importantes à Genève, au Locle, à la Chaux-de-Fonds, à Besançon et dans presque toutes les contrées de l'Europe où l'on fabrique de l'horlogerie.

Ce n'est pas seulement Cluse qui fournit au commerce des pièces d'horlogerie, il s'en fait aussi dans plusieurs villages ou hameaux situés sur les montagnes voisines. Cluse est simplement l'entrepôt général, le marché où se vend la marchandise.

J'ai grimpé, armé de mon bâton ferré, sur le sommet de plusieurs des montagnes environnant Cluse, et j'ai été surpris de l'adresse avec laquelle certains hommes, aux mains grossières, travaillent le cuivre et l'acier. J'ai vu des enfants qui n'avaient pas dix ans faire des pièces d'horlogerie dont l'exécution est réellement très difficile. Hélas ! la plupart de ces pauvres petits artistes marchent pieds nus sur le sol pierreux de leurs montagnes, et quelques-uns d'entre eux n'ont pas toujours, pour se couvrir, ce vêtement si nécessaire qui n'a pas de nom dans la langue anglaise.

Il est probable que le bien-être, conséquence naturelle du travail, et la fréquentation habituelle des étrangers, civiliseront peu à peu les montagnards sardes, et il faut espérer que quelques hommes remarquables par leurs talents sortiront de la foule et feront honneur à leur pays.

La vallée du lac de Joux (canton de Vaud), dans laquelle sont les villages du Sentier, du Brassus, de Pont, de l'Abbaye, de Lieu, et qui contient en outre une grande quantité de hameaux, n'était, avant le seizième siècle, qu'un désert rempli de petits lacs, de fondrières, de marais pestilentiels et de forêts impénétrables. Ce fut seulement en 1554 que quelques familles allèrent s'établir à la tête du lac, et commencè à défricher. Vers la fin du dix-septième siècle, on comptait à la Vallée plusieurs petits villages, et déjà les habitants, devenus industrieux, fabriquaient de petites horloges en bois, puis bientôt après des horloges en fer et en laiton. En 1748, un individu nommé S.-O. Meylan, vint se fixer à la Vallée, dans le hameau de Chenit, et il y fabriqua les premières montres que l'on ait vues dans le pays. Cette nouvelle industrie y fit des progrès rapides, notamment pendant la révolution française, et enfin, en 1834, la Vallée occupait déjà 600 ouvriers; aujourd'hui, on en compte plus de 1,200, et il est très probable que ce nombre augmentera successivement.

La vallée du lac de Joux est de toutes les communes de la Suisse celle qui rend les plus grands services à l'horlogerie ; car c'est de cette vallée que sortent les plus belles ébauches et les meilleurs blancs-roulants si nécessaires pour la fabrication des montres d'une qualité supérieure. Genève en fait une consommation considérable, et c'est grâce à l'excellence de ces produits qu'elle s'est fait une réputation universelle.

MM. Audemars frères, au Brassus, et M. Lecoultre, au Sentier, sont les deux meilleurs fabricants de la Vallée ; ce sont eux aussi qui occupent le plus grand nombre d'ouvriers. Les ébauches et les blancs-roulants de MM. Audemars sont tous faits à l'aide d'outils que la main seule dirige : ce sont des tours à pointer, à percer, à burins fixes ; des plates-formes propres à fendre les roues et les pignons, et divers autres petits instruments très ingénieux pour confectionner les échappements et donner la forme épicycloïdale aux dents des roues et des pignons.

Lorsque ces travaux préparatoires sont achevés, on rassemble sur la platine les principales pièces de la montre, et c'est là ce que l'on nomme une ébauche ; il reste alors à terminer le barillet (la pièce qui contient le grand ressort), à mettre en *cage* les roues et les pignons, à former les engrenages, à ôter les ébarbes aux *ponts*, à les adoucir soigneusement ainsi que la platine, et c'est là ce qui constitue un blanc-roulant, lequel devient un mouvement complet et propre à être emboîté, quand on y a ajouté un échappement quelconque, un cadran, des aiguilles et quelques petites pièces accessoires.

Les divers organes des montres se font dans cette manufacture avec une célérité incroyable, parce que le travail est extrêmement divisé, et aussi parce que les directeurs de l'établissement n'emploient que des ouvriers ayant fait preuve de talent dans la partie que chacun d'eux professe. Rien n'est curieux comme de voir travailler ces ouvriers *blantiers, finisseurs, planteurs, repasseurs, fendeurs de roues, adoucisseurs, polisseurs*, etc., etc. On admire en eux une adresse et une intelligence artistiques qui charment l'observateur compétent.

MM. Audemars ne se bornent pas à faire des ébauches de montres de tous les genres, depuis les plus petites jusqu'aux plus grandes, simples ou à répétition, à secondes fixes, à cylindre, à ancre, à duplex, à détente à ressort ou sur pivots; on termine aussi dans leurs ateliers les roulants de toute espèce, et on en fait des montres complètes fort estimées en France et en Angleterre. L'exposition universelle contenait d'ailleurs un brillant échantillon des divers produits de la maison Audemars, et les juges du concours firent preuve de justice et de bon goût à l'égard de ces habiles fabricants, en leur décernant une première médaille.

M. Lecoultre est un émule très distingué de M. Audemars; il est surtout justement renommé pour la beauté de ses pignons, pour la fidélité de ses calibres de montres. Je pourrais citer encore un grand nombre d'ouvriers remarquables, habitant les villes, villages et hameaux de la Vallée, mais je m'arrête: je craindrais qu'une plus longue nomenclature ne finît par fatiguer mes lecteurs.

Sainte-Croix, à quelques lieues nord-ouest de la vallée du lac de Joux, est située sur le Jura; le cercle dont elle est la principale ville se compose de divers vallons et coteaux abrités par des montagnes très élevées, telles que l'aiguille de Beaulmes et le Chasseron. Son sol se refuse aux travaux de l'agriculture; mais ses habitants suppléent largement à l'aridité naturelle de leurs montagnes, par les profits qu'ils recueillent de leur extrême industrie. C'est encore l'horlogerie, presque seule qui fait vivre ce pays.

Tout le monde à Sainte-Croix est plus ou moins intéressé à la fabrication des montres de toute espèce, en or ou en argent, anglaises ou françaises; on y fait des calibres suivant le goût ou les habitudes de chaque peuple, cependant Sainte-Croix travaille particulièrement pour la France, dont elle occupe l'extrême frontière. Cette ville, en 1836, ne comptait que 164 horlogers : ce nombre a plus que triplé pendant ces dernières années. Les montres que l'on fabrique à Sainte-Croix ne valent pas, à beaucoup près, celles de divers autres cantons ou cercles de la Suisse, mais elles sont d'un prix très peu élevé, sauf quelques exceptions, et le débouché en est certain et rapide (1).

____

(1) Voir la note 4e à la fin du volume.

La Chaux-de-Fonds, canton de Neuchatel, est, après Genève, le pays où se fabrique le plus grand nombre de montres en or et en argent de toutes les façons comme de tous les prix.

Au commencement du règne de Louis XIV, cette ville n'était qu'une misérable petite bourgade enfouie dans les bois qui l'entouraient de toutes parts. Aucune industrie positive n'existait dans le pays, et les habitants vivaient simplement du produit de leur chasse, du lait et de la chair de leurs bestiaux, et de quelques céréales qu'ils étaient parvenus à récolter dans des champs par eux nouvellement défrichés.

En 1680, un grand nombre de réfugiés français vinrent s'établir à la Chaux-de-Fonds et ils aidèrent puissamment les indigènes dans les efforts qu'ils faisaient déjà pour développer les arts industriels et l'agriculture dans le pays. De nouveaux et nombreux défrichements eurent lieu, et à la place de ces forêts séculaires, qui couvraient cette partie du Jura, on vit bientôt s'élever des maisons solides et s'ouvrir des voies de communication dans toutes les directions.

Pendant le cours du dix-huitième siècle, la Chaux-de-Fonds ne resta pas stationnaire; les arts s'y acclimatèrent et le commerce y prospéra; enfin, à compter du commencement de ce siècle jusqu'à nos jours, l'activité et l'intelligence de ses habitants ont été telles, qu'elle est devenue un centre manufacturier du premier ordre et en même temps la plus grande et la plus riche cité du canton de Neuchatel, sans en excepter la métropole, qui est maintenant bien moins peuplée que la Chaux-de-Fonds. En effet, cette ville contient aujourd'hui au moins 13,000 habitants et elle tend chaque jour à s'agrandir; non seulement on y trace et on y bâtit des rues nouvelles qui ne tardent pas à se peupler, mais même beaucoup de particuliers font construire, à quelques pas de la ville, sur les vastes prairies qui l'environnent, une quantité considérable de maisons, lesquelles, d'abord isolées, voient bientôt d'autres constructions s'élever autour d'elles.

Pendant le jour, durant la rude saison des froids, la Chaux-de-Fonds est triste, car les horlogers sont stables dans leurs demeures et ne font pas de bruit en travaillant; mais sitôt que sept heures du soir ont sonné, les ouvriers sor-

tent de leurs ateliers et se rassemblent par grou-
pes sur les places publiques, dans les cafés, les
cercles et autres lieux de rendez-vous. Alors la
ville s'anime, devient bruyante; les chants pa-
triotiques ou autres s'y font souvent entendre
jusqu'à dix et onze heures du soir.

Si, pendant ces heures de repos et de plaisir,
le voyageur s'approche d'un groupe quelconque,
ou s'il prend place à une table dans un café, il
n'entendra que des choses techniques appartenant à l'horlogerie, ou bien des paroles mor-
dantes et satiriques contre les fabricants qui ne
paient pas assez cher le travail de leurs ouvriers.
Quelquefois des discussions vives s'engagent sur
les principes de l'art, sur le mérite ou le défaut
de tel échappement, de tel genre de calibre de
montre, etc. Un homme du métier qui assiste
incognito à ces discussions y trouve un très grand
plaisir et parfois un enseignement. Les montres
que l'on fabrique dans ce pays, sauf quelques
exceptions, n'ont pas cette élégance dans les
boîtes ni ce fini d'exécution dans les mouvements
que l'on remarque dans celles de Genève, dont
j'ai parlé dans ma précédente lettre; toutefois

les montres de la Chaux-de-Fonds sont assez bien faites et les principes y sont suffisamment bien observés pour que, ayant été fidèlement repassées en France ou ailleurs, elles puissent donner un excellent résultat; par cette raison, et aussi parce qu'elles sont d'un prix très peu élevé, les fabricants en ont un énorme débouché, non-seulement en Europe, mais encore dans toutes les autres contrées du monde civilisé. C'est ce qui explique le nombre toujours croissant d'étrangers qui affluent à la Chaux-de-Fonds, aussitôt que la saison permet d'y pénétrer facilement. La ville présente alors une animation extraordinaire, et l'on peut dire, sans exagération, que l'or et l'argent encombrent chaque jour les comptoirs des marchands. On n'en sera pas surpris quand on saura qu'une seule maison de la Chaux-de-Fonds, celle de MM. Ami, Sandoz et fils, qui est dirigée par un habile artiste, M. Julien Huguenin, fournit annuellement au commerce de 35 à 40 mille montres de toute espèce. Plusieurs autres maisons en établissent aussi une assez grande quantité, telles sont celles de MM. Courvoisier (Frédéric), Grandjean (Louis), Hahn frères, Humbert-Borle, etc.

Le petit aperçu suivant donne une idée de la prospérité croissante de la Chaux-de-Fonds. En 1832, cette ville exportait déjà 54,332 montres, dont 9,033 en or et 45,299 en argent. Aujourd'hui, elle en exporte environ 80,000, dont plus de la moitié sont en or, à échappement à cylindre, à duplex ou à ancre. Celles en argent ont aussi l'un ou l'autre de ces échappements. Quant aux montres dites à roue de rencontre, la fabrique n'en fait plus, relativement, qu'une quantité très minime : ces dernières se font plus particulièrement sur les montagnes voisines, dont je parlerai dans ma prochaine lettre.

Je terminerai celle-ci en disant que la Chaux-de-Fonds, à différentes époques, a produit des hommes très remarquables par leurs talents : tels furent, par exemple, les frères Droz, dont les automates furent l'objet de l'admiration générale, en France, à la fin du dernier siècle ; tel fut aussi le grand peintre Léopold Robert, dont la famille, qui compte parmi ses membres plusieurs horlogers, existe à la Chaux-de-Fonds. Les voyageurs qui visitent cette ville peuvent aller voir, sous le toit où naquit le brillant auteur des *Moissonneurs* et des *Pécheurs de l'Adriatique*, quelques belles esquisses qu'il fit dans sa jeunesse, ou qu'il laissa, en mourant, sur la terre étrangère.

Agréez, etc.

QUATRIÈME LETTRE.

Le Locle (canton de Neuchatel), 20 août 1852.

MONSIEUR,

Le Locle est une des villes les plus intéressantes des vallées du Jura. En 1832, elle ne contenait que 5,000 habitants, elle en compte aujourd'hui plus de 8,000, dont 270 fabricants ou marchands occupent ensemble environ 3,000 ouvriers et ouvrières dans les différentes branches de l'horlogerie.

Les progrès que les fabricants du Locle ont faits depuis quelques années sont très remarquables, et leurs produits rivalisent actuellement, pour l'excell:nce de la main-d'œuvre et la fidélité dans les principes, avec les produits similaires de Genève, de Londres et de Liverpool. C'est que, aussi, au Locle, les fabricants sont pour la plupart de véritables artistes, et généralement supérieurs à ceux de la Chaux-de-Fonds. Par exemple, il est bien peu d'horlogers, même à Genève, dont le talent puisse être comparé à celui de MM. Louis Richard, Wulliam Dubois, H.-A. Favre, Jürgensen, Sylvain Mairet, Fabre Brandt. Huguenin, James Nardin, et de plusieurs autres praticiens et théoriciens distingués que je pourrais citer.

Il est seulement deux choses pour lesquelles le Locle ne parviendra jamais à égaler Genève : c'est d'abord pour la distinction dans la forme des boîtes de montres, c'est ensuite pour les différentes décorations dont les ouvriers genevois savent enrichir ces mêmes boîtes.

On serait dans l'erreur si l'on pensait que les fabricants du Locle parviendraient, en attirant chez eux à prix d'argent les meilleurs artistes de Genève, à rivaliser avec cette ville pour tout ce qui concerne les décorations extérieures de leurs produits. Les deux genres de talent dont je parle tiennent à la cité genevoise elle-même, et ne peuvent pas s'acclimater partout ailleurs ; voici pourquoi. Cette riche métropole reçoit chaque jour des visiteurs de toutes les nations ; c'est à leur contact, aux observations et aux avis donnés par cette multitude de voyageurs, que les monteurs de boîtes et les décorateurs, ciseleurs, graveurs, émailleurs, sertisseurs, etc., doivent cette diversité incroyable et toujours de bon goût que l'on remarque dans l'horlogerie de cette ville.

C'est là ce qui ne peut pas être pour le Locle, petite commune dans laquelle ne pénètrent pas habituellement les élégants touristes français, anglais, russes, américains, italiens, etc., etc. Mais, je le répète, par le mécanisme intérieur des montres, par l'excellente qualité de celles-ci, le Locle égale Genève, et c'est là un fait important pour l'avenir de l'art chronométrique en Europe.

Je ne dois pas oublier de mentionner ici deux hommes, Jacques-Frédéric Houriet et Cartier, qui furent pendant leur vie particulièrement utiles à la fabrique du Locle.

Houriet naquit à la Chaux-d'Abel en 1743. Agé

de seize ans, n'ayant encore fait qu'un apprentissage très restreint, il sentit le besoin de venir à Paris pour se perfectionner dans son art, et il obtint la faveur d'entrer comme élève dans les ateliers du célèbre Julien Le Roi. Les conseils et surtout l'exemple de ce savant artiste, lui firent faire de tels progrès, qu'au bout de deux ans, il fut en état de travailler pour son compte particulier à des pièces d'horlogerie que lui confièrent successivement, outre Julien Le Roi, son fils et successeur Pierre Le Roi, et enfin Ferdinand Berthoud, horloger de la marine royale.

Après un séjour de neuf ans à Paris, il revint au Locle, où il avait fait son premier apprentissage, et s'y établit définitivement; il dirigea plusieurs fabriques avec talent et une activité qui ne se ralentit pas un seul instant pendant l'espace de quarante années. Il perfectionna plusieurs pièces d'horlogerie et divers calibres; il exécuta une grande quantité de chronomètres très remarquables; il fut enfin, si je ne me trompe, le premier qui importa en Suisse les spiraux en hélice et qui les employa dans les chronomètres.

J.-F. Houriet est aussi l'auteur de plusieurs

pendules de précision, d'un grand nombre de thermomètres métalliques et de plusieurs régulateurs astronomiques, etc. Cet artiste, vraiment supérieur, fut membre correspondant de diverses sociétés savantes, et il mourut en 1830, âgé de quatre-vingts ans. Ce fut particulièrement dans les dix dernières années de sa vie qu'il se livra presque exclusivement à la fabrication des chronomètres.

Quant à M. Cartier, le Locle lui doit de la reconnaissance en ce que, à une époque où la fabrique périclitait, où les montres suisses étaient en défaveur en Europe, et surtout en Amérique, par suite de la mauvaise qualité de la plupart de ces montres, Cartier ne se rebuta pas, et il sacrifia toute sa fortune pour faire fabriquer d'excellentes montres, qu'il exporta hardiment, et qui eurent bientôt pour effet de réhabiliter l'horlogerie suisse dans les lieux mêmes d'où elle avait été d'abord universellement repoussée. M. Cartier est mort au Locle vers la fin de l'été dernier. On peut dire que la ville presque entière assistait à ses funérailles (1).

***

(1) Voir la note 5°, à la fin du volume.

Il est un village non loin du Locle et de la Chaux-de-Fonds, dans une vallée qui s'étend presque jusqu'aux frontières de la France, dont les habitants, naguère encore livrés aux travaux du jardinage et à la culture de leurs terres infécondes, vivaient dans une complète obscurité, et pour la plupart dans un état voisin de l'indigence. Ce village se nomme les Brenets ; et voyez, monsieur, quels prodiges enfante· l'industrie et surtout celle dont j'entretiens vos lecteurs : il vient à l'idée de quelques familles de ce pauvre village, qui n'était qu'un hameau, de faire des pièces d'horlogerie, et elles en tirent un certain profit ; puis, un petit nombre d'ouvriers partis du Locle et de la Chaux-de-Fonds, transportent leurs pénates dans cette fabrique naissante, et il suffit de quelques années activement et artistiquement employées pour faire de ce hameau un village et de celui-ci un centre manufacturier du premier ordre. Je dis du premier ordre, sous le rapport de la qualité de la marchandise ; car, en effet, les meilleures montres de la Suisse, celles dont les horlogers d'élite de Paris aiment à se pourvoir, car ils en font un aussi grand cas que de celles du Locle, ces montres de toute nature, à échappement à ancre et à duplex, en or et en argent, sortent des petites manufactures domestiques des Brenets. Aujourd'hui, dans cette localité, hier encore si pauvre, règne l'aisance, fruit du travail et de l'intelligence.

Les principaux négociants ou fabricants de montres des Brenets sont au nombre de trente environ; les ouvriers finisseurs d'ébauches, planteurs d'échappements, repasseurs, doreurs, etc., sont aussi très nombreux; mais ils ne peuvent suffire à la besogne, et les fabricants sont obligés d'occuper quelques habiles artistes du Locle et de la Chaux-de-Fonds; ils occupent aussi un certain nombre d'ouvriers français disséminés dans les villages ou hameaux bordant la frontière de la Suisse, sur le versant occidental du Jura.

Presque toutes les montagnes ou vallées du canton de Neuchatel sont couvertes de petites villes, villages et hameaux, dans lesquels des milliers d'ouvriers, hommes, femmes et enfants, négociants, marchands, paysans, sont occupés à fabriquer des montres de toute espèce et de toutes qualités pour tous les pays du monde.

Les paysans ne fabriquent pas pendant l'été, parce que les travaux de la culture, la récolte des céréales ou des fruits les occupent pendant cette partie de l'année; mais sitôt que le mois de septembre arrive, quand les premiers flocons de neige commencent à tomber, ces agriculteurs se renferment dans leurs maisons, et, reprenant le tour et la lime, gagnent leur vie en fabricant les pièces d'horlogerie les moins difficiles à exécuter.

Cette neige, monsieur, qui, dans les montagnes dont je parle, couvre la terre pendant six ou sept mois de l'année, est très certainement une des causes qui ont produit tant de bons horlogers dans les cantons de Vaud et de Neuchâtel, qui les ont faits patients, laborieux, adroits, et d'une intelligence remarquable.

En effet, lorsque la neige, comme un immense linceul blanc, s'étend sur toutes les vallées que l'œil peut embrasser, recouvre les habitations des hommes, les hautes bruyères, les forêts de pins rabougris, les rivières solidifiées par le froid; quand le silence profond, universel dans ces contrées, ne peut être interrompu ni par le pied de l'homme, ni par le roulement des voitures, ni même par ces mille cris confus des revendeurs, qui, dans la plupart de nos villes, assourdissent les habitants; quand enfin les travailleurs, emprisonnés dans leurs demeures, peuvent à peine se frayer un passage à travers la neige, pour pouvoir se procurer les objets d'une absolue nécessité, que leur reste-t-il pour se distraire, pour conjurer l'ennui? rien, absolument rien..... que le travail, et le travail, peu à peu devient un besoin impérieux, indispensable.

Aussi, que de prodiges en horlogerie s'accomplissent dans ces vallées si solitaires en apparence, et si peuplées en réalité! Combien d'idées ingénieuses, grandes peut-être, vont germer dans le cerveau des travailleurs, dont les bras sont toujours prêts pour l'exécution : l'un inventera de mystérieux petits outils qui abrègent ou perfectionnent le travail; l'autre trouvera un procédé nouveau propre à polir mieux et plus promptement le cuivre ou l'acier, ou bien un meilleur système d'*encliquetage* pour le remontage des montres; tel autre enfin, prenant des routes plus élevées, trouvera le moyen d'imiter les différents genres de montres des Indiens et des habitants du Céleste-Empire, et bientôt les navires européens emporteront dans les mers de la Chine et du Japon l'horlogerie des vallées du Jura, transformée en horlogerie chinoise, japonnaise, etc.; et les Suisses auront conquis par là de nouveaux comptoirs, lesquels deviendront pour eux des sources intarissables de richesses.

Voilà, Monsieur, ce que produit ce travail, qui se poursuit dans un silence profond et solennel. Le labeur du jour est d'ailleurs trop peu pour l'ouvrier des montagnes; aussi dès que le crépuscule assombrira la campagne, on verra la lampe de l'horloger briller comme une étoile à toutes les croisées des maisons, depuis le rez-de-chaussée jusqu'aux mansardes, et là, souvent jusque bien avant dans la nuit, les travaux chronométriques se poursuivront. Dans ces petites manufactures domestiques, les femmes ne restent pas oisives, je l'ai déjà dit; elles aident leurs maris dans leur besogne journalière, et les enfants eux-mêmes apprennent de bonne heure l'art qui devra bientôt les rendre libres et qui leur procurera l'aisance et le bonheur, suite naturelle d'un labeur intelligent.

Les villages du canton de Neuchatel dans lesquels, comme à la Chaux-de-Fonds, au Locle et aux Brenets, on fabrique de l'horlogerie, sont : Travers, Souvillier, Renan, Ferrières, Villeret, Tramelan, la Clef, les Ponts, la Sagne, Noiraigue, Motiers, Couvet, Fleurier, Boveresse, Petit-Martel, les Cœudres, Noirmont et Fontaine-Melon, village du val de Ruz, dans lequel fonctionnent des machines servant à la fabrication des ébauches de mouvements de montres de tous les calibres.

J'ai parcouru tous ces villages, et partout l'activité la plus grande s'y déploie, partout le succès couronne les efforts des travailleurs. Dans tel village on fait des montres pour l'Angleterre, dans tel autre on en fabrique soit pour l'Amérique, soit pour la Turquie d'Europe et d'Asie, soit pour la France, soit même pour la Chine, car dans plusieurs localités, notamment à Fleurier, dans le val de Travers, MM. Bovet frères et M. Dimier fabriquent en effet des montres chinoises dont ils retirent un large profit. Ces montres sont fort curieuses par l'originalité des ornements dont elles sont revêtues.

La plupart des pièces de leur mouvement sont en acier poli, damasquiné, gravé, ciselé et capricieusement découpé. Les boîtes sont aussi fort originalement ornées, et, par la glace qui remplace ordinairement dans ces montres la pièce que l'on nomme la *cuvette*, on peut voir fonctionner tout le mécanisme intérieur. Du reste, le travail dans ces instruments est presque toujours au-dessous du médiocre; mais les habitants de Canton et de Pékin ne sont pas, heureusement, très difficiles : l'exacte mesure du temps n'est pas pour eux d'une nécessité absolue.

Dans la plupart des autres villages que je viens de citer, on ne se borne pas à fabriquer des montres de toute espèce et pour tous les pays, on y fait aussi des outils propres à la fabrication, et on en exporte une quantité considérable en France et dans presque toutes les autres contrées du globe. Ces outils sont des limes, des tours ordinaires et à *burins-fixes*, des *plates-formes* pour fendre les roues de toute espèce, des étaux d'établis et à main, des tenailles à couper, des pinces, des marteaux, des brunissoirs, des filières et une foule d'autres outils dont les gens du métier connaissent seuls les noms et le mérite.

La Sagne mérite une mention particulière, à cause du grand nombre d'ouvriers intelligents qu'elle contient et aussi parce qu'elle fut le berceau de l'horlogerie neuchateloise. En effet, ce fut dans ce village que naquit Daniel Jean-Richard, dit de LA SAGNE, qui, sans maître et à un âge encore voisin de l'enfance, car il n'avait pas quinze ans, apprit les premiers principes de l'horlogerie et parvint à exécuter une montre semblable à celle qui lui fut confiée par un Anglais ou un Français réfugié dans le pays.

Cette première et heureuse tentative enhardit le jeune Richard; il construisit plusieurs autres montres, il eut des apprentis qui l'aidèrent dans son travail; bref, il fonda par son exemple, et on pourrait dire par son génie, une source de richesses qui s'étendit dans presque toutes les vallées du Jura. Cet homme remarquable mourût au Locle, au commencement du dix-huitième siècle.

Si j'étais Neuchatelois et si j'avais quelque pouvoir dans le pays, je voudrais que Daniel

Jean-Richard eût sa statue dans une des villes du canton. Un peuple s'honore en perpétuant par des monuments durables le souvenir de ses grands hommes, poètes, législateurs, guerriers ou artistes ; mais le même peuple s'honore encore bien plus en ne laissant pas tomber dans l'oubli le nom de ces hommes qui, nés dans l'obscurité la plus profonde, sortent de la foule et deviennent les bienfaiteurs de leur pays.

Me trouvant à une distance si rapprochée du val de Saint-Imier (canton de Berne), je ne terminerai pas cette lettre sans dire quelques mots sur les fabriques d'horlogerie de ce pays.

Autrefois, Saint-Imier ne fabriquait que des montres communes, de celles dites à roue de rencontre ; mais depuis quelques années, cette manufacture s'est notablement agrandie, et il en sort annuellement une assez grande quantité de montres à cylindre en or et en argent ; il est bien certain que ces montres ne valent pas en général celles des cantons de Vaud et de Neuchatel, mais elles sont à très bon marché, et d'ailleurs la fabrique est en progrès, et peut-être le moment n'est-il pas éloigné où elle pourra lutter, sans trop de désavantage, pour la qualité du produit, avec les manufactures des montagnes neuchateloises. La maison Agassy, à Saint-Imier, a de la réputation et elle fait de très grandes affaires en horlogerie. J'ajouterai que j'ai vu des ébauches de montres à cylindre sortant des fabriques du val Tavannes, près Saint-Imier, qui peuvent rivaliser avec celles qui se font à Fontaine-Melon, val de Ruz, canton de Neuchatel (1).

Agréez, etc.

---

(1) Voir la note 6e à la fin du volume.

CINQUIÈME LETTRE.

Val-de-Travers, le 25 août 1852.

MONSIEUR,

Avant de traverser la frontière pour rentrer en France, je jetterai un rapide et dernier coup d'œil sur le pays que je viens de parcourir.

Les cantons de la Suisse dans lesquels on fabrique de l'horlogerie, vous l'avez vu dans mes précédentes lettres, sont dans un état tout à fait prospère; car, dans ces belles et riches contrées, ce n'est pas le travail qui manque aux bras, ce sont au contraire les bras qui manquent au travail; mais, chose extrêmement remarquable, et

4*

je m'empresse de le constater ici, les cantons riverains de la France sont les seuls dans lesquels les manufactures de montres ont pu s'asseoir sur des bases solides. Cela tient à deux causes que je ne puis trop mettre en évidence.

La première sera comprise de vos lecteurs, car ils savent que parmi les fondateurs de ces manufactures, on compte un grand nombre de Français que le malheur des temps, les guerres de religion obligèrent de se réfugier dans les montagnes de la Suisse. Ils choisirent tout naturellement celles qui étaient le plus rapprochées de la France, dans laquelle ils espéraient pouvoir un jour rentrer ; mais les établissements qu'ils avaient fondés dans le pays les engagèrent à s'y fixer définitivement, et c'est en grande partie leur postérité qui peuple aujourd'hui le versant oriental du Jura.

La seconde cause provient de ce que, à toutes les époques antérieures à la nôtre, les fabricants genevois et neuchatelois eurent besoin de prendre pour modèles les montres françaises, et d'étudier sans cesse nos moyens de fabrication ; et même encore aujourd'hui, quoique la Suisse soit en position de se passer de nous, il est rare cependant que des fabriques d'horlogerie s'établissent et prospèrent dans un rayon éloigné du Doubs et du Rhône.

Je ferai aussi remarquer que la partie de la Savoie où il se fabrique de l'horlogerie, est précisément Cluse et ses environs, dont le territoire se confond avec le nôtre, et qui, naguère encore, sous le règne de l'empereur, figurait sur les cartes françaises, à côté de Genève, la plus belle et la plus riche cité des cantons helvétiques, laquelle appartint aussi à la France. Genève fut ingrate, sans doute, car à la chute de l'empire elle rentra dans la confédération suisse, et elle s'y maintient encore aujourd'hui sans regrets.

Quant à notre ancienne province du *Mont-Blanc*, ses habitants se souviennent toujours qu'ils vécurent, s'enrichirent et se civilisèrent sous nos lois protectrices ; et peut-être quelques-uns d'entre eux, malgré la bienveillante sollicitude du gouvernement sarde, voudraient-ils encore appartenir à la France. Puissent leurs vœux s'exaucer dans l'avenir, car alors la fabrique d'horlogerie de cette intéressante localité, re-

prenant un nouvel essor, pourrait devenir émi-
nemment utile à nos manufactures du Doubs et
du Jura.

D'après des documents authentiques, des statistiques industrielles, etc., les cantons de la Suisse
dont j'ai parlé exportent annuellement en France
pour environ quinze millions de montres en or
et en argent. Il est dit, dans ces mêmes statistiques, parmi lesquelles je citerai celles du *Dictionnaire du commerce et des marchandises*,
que ces quinze millions de montres, vendues en
France, au détail, produisent trente millions.

Cette appréciation est peut-être un peu exagérée: les montres ne rapportent pas cent pour
cent de bénéfice au commerce de Paris ni à celui
de la province; je crois qu'il ne dépasse pas
soixante-dix pour cent. J'ajouterai, et cela vous
paraîtra peut-être bien hardi de ma part, que ce
bénéfice, loin d'être trop élevé, ne l'est pas, à
beaucoup près, suffisamment. Je vais expliquer
ma pensée catégoriquement, car je me suis pro-
mis de dire toute la vérité.

Les horlogers français, presque sans exception,

reçoivent leur marchandise de seconde main :
c'est-à-dire que ce sont des marchands qui,
achetant ou faisant fabriquer des montres en
Suisse et à Besançon, les revendent aux horlogers établis dans des magasins extérieurs, ou
exerçant leur profession dans des appartements.
Ces marchands ont naturellement des frais de
maison et de voyage, des éventualités de pertes,
vendant souvent à crédit et ayant toujours une
certaine quantité de montres mal réussies, qui
vieillissent dans leurs magasins sans trouver
d'acheteurs.

J'évalue le bénéfice des marchands intermédiaires à quinze pour cent. Il reste donc encore
aux horlogers cinquante-cinq pour cent, sur
lesquels cependant il faut ôter dix pour cent en
moyenne pour le repassage des montres, le
poli et la gravure de la cuvette. Vous me direz
que ce bénéfice de quarante-cinq pour cent est
encore assez passable. J'en conviens; mais re-
marquez bien, monsieur, que les horlogers ne
font pas uniformément le même bénéfice, car
tel industriel qui se sera fait un nom dans

l'horlogerie ou qui aurait acheté ce nom, c'est la même chose, gagnera soixante, quatre-vingts pour cent et souvent davantage, tandis que l'horloger ordinaire, qui ne s'est pas trouvé dans des circonstances favorables pour se faire une brillante réputation ou qui n'aura pas eu le moyen d'en acheter une toute faite, cet horloger, dis-je, ne gagnera pas toujours dix pour cent.

Mais enfin, admettons qu'en moyenne, la vente des montres rapporte quarante-cinq pour cent (nous mettons de côté les quinze pour cent bénéficiés par les marchands intermédiaires), vous allez voir, monsieur, comme je vous le disais tout à l'heure, que ce bénéfice est effectivement très minime.

Les horlogers de Paris et de la banlieue, en chambre ou en magasins, sont au nombre de quatre cents, et ils vendent à peu près le quinzième de la totalité des montres suisses importées dans nos quatre-vingt-cinq départements. Ce quinzième étant d'un million, produit un bénéfice de cinq cent mille francs, que se partagent les quatre cents horlogers parisiens. Mais il faut dire que vingt maisons bien connues dans Paris absorbent la moitié de ce bénéfice, parce que, à elles seules, elles vendent autant de montres que toutes les autres maisons réunies.

Ainsi, mettant à part ces vingt maisons, il restera trois cent quatre-vingts détaillants qui auront à se partager inégalement, mais enfin en moyenne 250,000 fr. de bénéfices, ce qui fera pour chacun de ces détaillants une somme annuelle de 650 fr. environ.

Si l'on me demande si cette statistique est mathématiquement exacte, je répondrai qu'elle ne l'est pas, qu'elle ne peut pas l'être; mais je suis certain, d'après les documents que j'ai compulsés avec un soin tout particulier, et d'après les informations que j'ai prises en Suisse et ailleurs, je suis certain, dis-je, de ne pas m'être éloigné sensiblement de la vérité. J'avais donc raison, monsieur, de vous dire que les quarante-cinq pour cent de bénéfices que l'on retirait de la vente des montres étaient tout-à-fait insuffisants.

La raison, vous l'avez déjà compris, pour

laquelle les acheteurs, à Paris comme en province, paient les montres plus cher qu'elles ne
valent, vient particulièrement de la trop grande
quantité d'individus qui vivent du commerce de
l'horlogerie, et ce qui fait que ce nombre est si
grand dans toutes les villes de France, notamment
à Paris, c'est la facilité qu'ont les industriels de
tous états, marchands de meubles, ferblantiers,
orfèvres, bijoutiers, brocanteurs, spéculateurs,
etc., de s'établir comme horlogers et de faire
concurrence aux véritables artistes. Mais comment arrêter cet envahissement? Comment, sous
la législation commerciale actuelle, empêcher les
spéculateurs de se porter de préférence sur cette
branche de commerce facile et agréable à ex-
ploiter, surtout pour celui qui, n'étant que ven-
deur, ne met jamais la main à l'œuvre?

Je ne connais pas de moyens propres à mettre
un terme à cette invasion si préjudiciable au
métier d'horloger; ou, si j'en connais, ils ne
peuvent pas être mis à exécution dans notre pays,
sans réformer d'abord les lois sous l'empire desquelles vivent les commerçants et industriels depuis 1789. Je n'en dirai pas davantage à ce sujet,

je craindrais de mécontenter MM. les économistes qui croient que le *laissez faire* et le *laissez passer* nous constituent dans le meilleur état de choses possible.

Agréez, etc.

SIXIÈME LETTRE.

Charquemont, le 25 août 1852.

MONSIEUR,

Charquemont, village très rapproché de la frontière helvétique, est environné de montagnes du
haut desquelles on distingue à la fois les riches
vallées du canton de Neuchatel et les plaines et
les coteaux magnifiques appartenant à la France.
Je m'étais arrêté sur une de ces montagnes, et je
me disais, en portant mes regards du côté de la
Suisse : Là-bas, l'industrie opère des merveilles ;
toutes les forces vitales des habitants se portent
sur une seule et même chose, laquelle consiste à

fabriquer, pour l'univers entier, des instruments propres à mesurer le temps, des montres dont le produit annuel est immense, et qui, enrichissant ces hommes encore nouveaux dans la civilisation et dans les arts, leur donne parmi les nations manufacturières une belle place et une haute considération.

Pourquoi, me disais-je, les habitants du Doubs et du Jura, dont le territoire, dans sa partie orientale, touche à la Suisse depuis Genève jusqu'au val de Saint-Imier, canton de Berne, pourquoi ces habitants, dont un grand nombre font aussi de l'horlogerie, n'obtiennent-ils pas le même succès dans ce genre d'industrie, dont le débouché est si facile et dont le lucre est on ne peut plus satisfaisant ? Serait-ce que nos compatriotes riverains des cantons de Genève, de Vaud et de Neuchatel n'auraient aucune aptitude pour les arts mécaniques ? Manqueraient-ils de courage, d'adresse et de persévérance ? Cela ne peut pas être pour des hommes vivant de la même vie que les Suisses, ayant les mêmes mœurs, les mêmes habitudes, le même climat, et parlant la même langue. Non, les Français du Doubs et du Jura n'ont pas moins d'intelligence industrielle et artistique que leurs voisins des montagnes, mais c'est un fait que ceux-ci ont conquis sur les marchés étrangers, par le grand nombre et la qualité de leurs produits, une prépondérance incontestable.

Si nos compatriotes des localités que je viens de citer s'enrichissaient en se livrant à des industries différentes de celles de l'horlogerie, je trouverais très naturel qu'ils négligeassent celle-ci ; mais je dois dire qu'en général il n'en est pas ainsi : les habitants du littoral suisse voisin de la France (je parle des paysans et des ouvriers) sont infiniment plus aisés, ils ont une nourriture meilleure, des vêtements plus chauds, et ils habitent des maisons mieux entretenues à l'extérieur comme à l'intérieur, que les habitants du littoral français bordant la Suisse.

C'est d'ailleurs un fait que les ouvriers de toute espèce, dans le Doubs et le Jura, ne gagnent pas en moyenne plus de 2 fr. 50 c. par jour, quand ils ont de l'ouvrage, et ils en manquent souvent, même en été. C'est aussi un fait que les ouvriers suisses, notamment ceux qui font de l'horlogerie,

gagnent en moyenne 4 fr. par jour, et le chômage leur est inconnu, même en hiver, quand le
sol a revêtu sa robe de neige et de frimas.

Je dois faire remarquer que je ne parle pas ici
de Besançon, de Morez, villes dont l'industrie est
portée à une grande hauteur : je le dirai d'ailleurs plus loin; je parle des villages et hameaux
qui bordent le Doubs, et dont les habitants, quoique paraissant très industrieux, sont cependant
fort pauvres. Dans la plupart de ces villages, bien
des ouvriers font des pièces d'horlogerie, ou
même des finissages, des remontages et des
échappements, soit pour la Suisse, soit pour la
France; mais il n'y a pas dans ces villages de véritables fabriques comme à la vallée (lac de Joux),
comme au Locle, à la Chaux-de-Fonds , etc., et
c'est là seulement ce qui pourrait enrichir et vivifier le pays.

Dans la vallée des Rousses, par exemple, laquelle appartient à la France, et qui n'est que la
continuation ou le prolongement de celle de Joux,
les habitants ont une industrie qui leur est propre et qui les fait vivre : ils fabriquent des boîtes
en sapin, à très bon marché, pour renfermer les

horloges dites [de *Comté* ; ils font aussi des petits corps de tiroirs qui servent aux horlogers,
aux orfèvres et aux bijoutiers, pour serrer leurs
outils ; mais cette industrie est très infime, si on
la compare à celle de leurs voisins de la vallée
suisse, où se trouvent les plus belles et les plus
fructueuses fabriques de blancs-roulants, et même
de montres entièrement terminées. Je ne com-
prends pas pourquoi les habitants de la vallée
française ne cherchent pas à monter des fabriques analogues à celles qui bordent le lac de
Joux.

On dit, je le sais, que les ouvriers manquent
sur le littoral, qu'il ne s'y trouve pas de monteurs de boîtes, de graveurs, etc. C'est possible ;
mais si ces ouvriers n'existent pas sur ce point
du Jura, on en compte une quantité considérable
qui végètent à Paris et dans les départements, et
qui, en se réunissant dans la vallée des Rousses,
dont je parle, pourraient y fonder une véritable
manufacture de montres françaises, laquelle, dans
un laps de temps donné, pourrait faire une re-
doutable concurrence aux établissements des cantons. Ce que je dis pour la vallée des Rousses, je

le dirai aussi pour presque tous les villages et hameaux assis sur le Doubs ; il n'est pas un seul de ceux-ci ou de ceux-là, dans lesquels on ne puisse établir des fabriques comparables à celles de la Suisse.

Pour réussir en cela, une seule chose est nécessaire, c'est une mise de fonds suffisante pour acheter des outils et les métaux d'or ou d'argent avec lesquels on fait les boîtes de montres; mais cette mise de fonds ne serait pas énorme, et les fabricants ou négociants qui la fourniraient ne tarderaient pas à la voir rentrer dans leur caisse, avec bénéfice ; car dans l'état actuel des choses, aussitôt que les montres seraient fabriquées, elles seraient vendues. C'est ce qui arrive, je l'ai déjà dit plusieurs fois, pour les montres de la Suisse, qui suffisent à peine à la consommation générale.

La plupart des horlogers ne se font pas une idée de la facilité avec laquelle on peut établir des montres en France, notamment dans le Doubs et le Jura, dont le territoire se trouve au centre de la fabrication de toutes les pièces principales : ébauches, blancs-roulants, pignons, échappements, etc. Beaucourt, où se fabriquent les ébauches, touche au département du Doubs; il en est de même de Berne, petit village dans lequel un fabricant qui appartient à la famille de MM. Japy, finit les ébauches et les livre au commerce à l'état de blancs-roulants.

Que reste-t-il à faire pour achever ces petites machines? Un échappement à cylindre, lequel coûte aujourd'hui, à Charquemont, dont j'ai parlé plus haut, 1 fr. 50 c. ou 2 fr., selon sa qualité ou sa petitesse. Le travail complémentaire que l'ouvrier est obligé de faire pour terminer la montre n'est ni bien long ni bien difficile; cependant ce travail ne doit être confié qu'à des praticiens expérimentés, adroits et surtout consciencieux; car une montre est plus ou moins belle et gracieuse de forme, suivant le degré de talent de l'ouvrier qui fait les boîtes, et selon le sentiment artistique de celui qui les décore, mais c'est souvent la manière dont est exécuté le finissage, qui la rend bonne ou médiocre.

Besançon est la seule ville de France où l'on fabrique aujourd'hui des montres, et je constate tout d'abord que cette fabrique est en progrès pour la qualité comme pour le bon marché des intéressants produits qu'elle livre au commerce.

Besançon, vos lecteurs ne l'ignorent pas, monsieur, n'appartient à la France que depuis 1674, époque à laquelle Louis XIV en fit la conquête. Lorsque cette ville faisait encore partie de l'Empire germanique, elle ne possédait que quelques rares horlogers. Pendant la plus grande partie du dix-huitième siècle, elle eut des artistes en horlogerie, comme toutes les autres villes de France; ces artistes fabriquaient des montres de toute espèce, mais elles n'étaient pas destinées à l'exportation, elles restaient généralement dans le pays.

Cependant, sous Louis XVI, quelques tentatives furent faites à Besançon pour créer une manufacture de montres à l'instar de celle qui déjà florissait à Genève; ces tentatives ne réussirent qu'en partie, et en 1794, l'horlogerie bisontine n'était point classée parmi celles ayant quelque renom en France. A cette époque, la Convention nationale envoya en mission dans les départements du Doubs et du Jura, deux de ses membrcs les plus actifs : c'étaient Bassal et Bernard de Saintes.

Ces députés, pendant leur séjour à Besançon, furent frappés de l'avantage qu'il y aurait pour la France à établir dans cette ville industrieuse une fabrique d'horlogerie de nature à pouvoir lutter avec celles de la Suisse, et, à leur retour à Paris, ils proposèrent à la Convention de voter des fonds pour commencer cet établissement. Cette assemblée vota, en effet, la somme jugée nécessaire, et elle la mit à la disposition des magistrats de Besançon. Ceux-ci firent venir de Genève deux artistes distingués, Auzière père et fils, dont l'un était horloger et l'autre monteur de boîtes, et la fabrique fut mise en activité. Un an s'était à peine écoulé que déjà Besançon avait produit et livré au commerce 18,000 montres d'or et d'argent; l'année suivante, elle en produisait 24,000, et l'Etat rentrait dans les fonds qu'il avait avancés.

La fabrique ne se ralentit pas pendant les années suivantes; mais les écrivains, voyageurs, géographes, statisticiens, etc., ont commis une erreur en disant que cette manufacture a pu lutter à une époque quelconque avec Genève. C'est un fait, et je ne dois pas le dissimuler, que les fabriques genevoises ont toujours eu une supériorité réelle, incontestable, sur les fabriques similaires de la ville de Besançon.

Aujourd'hui, je dois encore le dire, cette dernière ville, non-seulement ne peut pas rivaliser avec Genève, mais même son horlogerie, sauf quelques honorables exceptions, est de beaucoup inférieure à celle de la vallée de Joux et du Locle.

Les détracteurs de tout ce qui est national vont plus loin : ils disent que Besançon ne peut même pas lutter, pour la qualité et le bon marché, avec la Chaux-de-Fonds et les montagnes environnant cette ville ; c'est là une erreur ou c'est un mensonge. Les montres d'or ou d'argent, à échappement à cylindre, qui sortent de Besançon, je parle de celles des fabricants qui se respectent, sont au moins égales en qualité à celles des localités que je viens de citer, et leur prix n'est pas plus élevé.

Nous avons en France la détestable manie de déprécier tout ce qui se fait dans nos fabriques nationales, et l'on exalte sans raison presque tous les produits des autres nations. Aussi voit-on très fréquemment des industriels, pour vendre avec plus de facilité certains objets fabriqués en France, leur donner, sur des étiquettes trompeuses, une origine étrangère. C'est ainsi que nous faisons la fortune des manufactures rivales au détriment des nôtres.

Qui ne sait que, hier encore, nos marchands détaillants de rasoirs, de coutellerie fine, ne craignaient pas de mettre sur leur marchandise, provenant de fabriques françaises, les noms de certains couteliers anglais; c'était le moyen, disaient-ils, d'en tirer un meilleur profit, les acheteurs étant persuadés que notre coutellerie ne vaut pas à beaucoup près la coutellerie anglaise. Il a fallu que l'Exposition universelle vînt dessiller les yeux de nos compatriotes en leur montrant jusqu'à l'évidence que plusieurs de nos couteliers étaient supérieurs pour le talent à ceux de l'Angleterre. Eh bien! malgré ce fait honorable et incontestable, et divers autres faits analogues que je pourrais citer, certains marchands parisiens maintiennent encore aujourd'hui leurs étiquettes, et ils vendent, les uns des rasoirs ou des couteaux anglais, les autres du cirage anglais, du bleu de Prusse, des allumettes chimiques allemandes, etc., etc., tous objets qui sont d'ailleurs manufacturés en France. Ajoutons que dans plusieurs de nos magasins on vend des pâtes d'Italie qui sont, tout le monde le sait, fabriquées en Auvergne.

Ce qui arrive pour les produits que je viens de citer, arrive aussi pour notre horlogerie de Besançon, et plusieurs marchands intermédiaires qui achètent des montres de cette fabrique les vendent très souvent aux horlogers peu connaisseurs, pour des montres de la Suisse (1). C'est en leur donnant cette origine qu'ils peuvent, disent-ils, les écouler plus facilement. Jusques à quand de semblables subterfuges se produiront-ils sous nos yeux? Je le répète encore, et c'est avec une conviction profonde, les montres de

---

(1) Le contrôle de Besançon diffère de celui que l'on imprime à Paris sur les boîtes des montres suisses; mais les brocanteurs de toute espèce qui font à Paris concurrence aux horlogers sont à peine capables de reconnaître cette différence.

Besançon ne sont pas, à prix égal, inférieures en qualité à celles de la Chaux-de-Fonds et de toutes les autres localités du canton de Neuchatel, excepté le Locle.

Hélas ! je prêche peut-être dans le désert, peut-être préférera-t-on encore longtemps l'horlogerie suisse à celle du Doubs : c'est un malheur et un inconcevable déni de justice. Mais les fabricants bisontins ne doivent pas trop s'en préoccuper. Qu'ils continuent d'améliorer leur fabrication, et peut-être, avant qu'il soit bien longtemps, leurs produits rivaliseront avec ceux des meilleures manufactures des cantons helvétiques.

Le temps n'est cependant pas encore venu pour nos compatriotes, de commencer la lutte avec ces manufactures : ce serait en vain qu'ils le tenteraient; mais ils peuvent dès à présent s'y préparer, en marchant sans jamais s'arrêter dans la voie du progrès. Déjà quelques habiles horlogers, parmi lesquels je citerai MM. Richard et Boutet, se sont fait à Besançon une brillante réputation, en fabricant de l'horlogerie tout à fait hors ligne, des montres à échappement à ancre, et même des chronomètres portatifs pouvant supporter la comparaison avec les plus belles pièces de ce genre fabriquées à Londres et à Genève. Je citerai aussi M. Terrier, ouvrier très distingué, qui prête par son talent, en même temps théorique et pratique, un heureux concours à la fabrication des montres d'une parfaite précision.

Je n'oublierai pas non plus M. Lorimier, qui s'est fait une spécialité lucrative en établissant à Besançon une grande quantité de montres chinoises, supérieures à celles qui se font ordinairement à Fleurier (Suisse), et que MM. Bovet frères et Dimier achètent avec empressement pour les exporter.

En vous disant, monsieur, que Besançou mérite une belle place parmi les localités où l'on fabrique des montres, je ne vous ai dit que la vérité, car mon but n'est pas de louer ce qui ne doit pas être loué, même lorsqu'il s'agit de nos manufactures nationales. Aussi vais-je me permettre d'adresser à quelques ouvriers de cette ville, et même à certains établisseurs ou fabricants, un reproche mérité. Ces ouvriers et fabricants sont

malheureusement dénués de toute instruction ;
ils ne travaillent que par routine et ne connaissent point les principes des organes qu'ils ont à
faire fonctionner; j'ajouterai qu'ils ne cherchent
même pas à les connaître. C'est là un fait regrettable. Il en est un autre qui ne l'est pas
moins.

Certains établisseurs de Besançon, je souhaite
que le nombre en soit restreint, font fabriquer
des montres d'une qualité détestable, et dont les
boîtes sont d'une faiblesse extrême. Ces montres
sont vendues à vil prix en France et à l'étranger,
et, je ne crains pas de le dire, elles déshonorent
la fabrique française, elles sont en partie la
cause de la défaveur qui s'attache à toute l'horlogerie de Besançon, même aux bonnes montres sortant des ateliers des fabricants respecta-
bles qui ont entrepris de lutter loyalement avec
la Suisse, et dont les honorables et courageux
efforts sont paralysés par des compétiteurs
ignorants ou sans vergogne.

C'est avec un sentiment douloureux que je
vous dis ces choses, mais en vous les disant
j'accomplis un devoir; j'espère d'ailleurs que ces

vérités franchement exprimées auront pour effet d'appeler l'attention des membres du conseil de la fabrique sur les faits que je signale; j'espère surtout que ces citoyens trouveront dans leur sagesse, dans l'autorité que leur donne leurs utiles fonctions, le moyen de veiller efficacement à l'éducation professionnelle des jeunes gens qui se destinent à l'horlogerie, et par là ils feront pour l'avenir ce que leurs devanciers n'ont point fait pour le présent.

Suivant moi, le meilleur moyen pour procurer à la fabrique, dans un espace de temps très rapproché, de bons ouvriers horlogers, serait de fonder à Besançon, comme la chose existe à Genève, une école d'horlogerie théorique et pratique. Il faudrait que cette école fût gratuite, et qu'on y délivrât chaque année, avec solennité, des récompenses honorifiques, ou même matérielles, aux apprentis qui s'y seraient distingués. Cette école pourrait prendre par la suite des proportions très grandes et devenir elle-même une très belle manufacture d'horlogerie pouvant servir de modèle à toutes celles qui s'établiraient dans le Doubs et ailleurs.

Ce qui fait que plusieurs écoles d'horlogerie n'ont pas réussi en France, c'est que, ayant été presque toujours fondées par de simples individus, elles n'ont jamais eu le caractère d'une large et solide institution. Je sais que les villes ne peuvent pas toujours faire les sacrifices nécessaires pour l'érection et l'entretien de semblables établissements; mais comme ceux-ci sont d'utilité publique, qu'ils intéressent jusqu'à un certain point la nation tout entière, puisque le résultat peut empêcher nos capitaux d'aller alimenter les fabriques étrangères, le gouvernement devrait peut-être fonder ces sortes d'écoles aux frais de l'Etat. Les sacrifices qui en seraient la conséquence auraient bientôt pour effet de restituer à notre horlogerie une prépondérance qu'elle eut jadis, comme je l'ai dit dans ma première lettre, et qu'elle n'aurait jamais dû perdre.

Agréez, etc.

SEPTIÈME LETTRE.

Besançon, 2 sept.; Morez (Jura), 6 septembre.

MONSIEUR,

Avant de quitter le département du Doubs, j'aurai à compléter ce que je vous ai dit, dans ma dernière lettre, au sujet des manufactures de cette belle province, sur laquelle je ne puis trop appeler l'attention du gouvernement et de toutes les personnes qui s'intéressent aux progrès de l'art industriel en France.

M. Lepée a établi à Sainte-Suzanne, près de Montbelliard, de nombreux ateliers dans lesquels il fait fabriquer des *musiques mécaniques* de toute espèce et de toute dimension, jouant des contredanses, des polkas, des romances et autres airs appartenant aux œuvres de nos célébrités musicales modernes.

Les instruments fabriqués par M. Lepée se placent habituellement dans l'intérieur des tabatières, dans des tableaux-horloges sonnant l'*Angelus*, etc., et ils y produisent un effet d'autant plus agréable, qu'ils sont d'une sonorité et d'une justesse de ton remarquables ; car les rouages, les claviers et les diverses pièces accessoires composant ces *musiques mécaniques* ont été notablement améliorées, et elles sont recherchées en France comme à l'étranger. Je suis heureux de pouvoir constater ici que cette industrie, qui appartenait autrefois presque exclusivement à la Suisse, est aujourd'hui très habilement exploitée dans notre département du Doubs, et aussi, comme je le dirai tout à l'heure, dans celui du Jura.

Une fabrique d'un autre genre, et qui n'est pas sans importance, fonctionne avec activité dans le petit village de Seloncourt, très rapproché de la partie méridionale du Haut-Rhin. M. Coulon, qui est le propriétaire de cette manufacture, fournit à la France et à la Suisse, non-seulement des

blancs-roulants de montres, mais même il les livre
au commerce avec des échappements tout plantés.
Il est bien à désirer que cet établissement prospère et s'agrandisse, car la fabrication des montres de toute espèce en deviendrait en même
temps plus prompte et plus facile.

Diverses autres fabriques d'horlogerie existent
dans le département du Doubs, principalement à
Montbelliard et aux environs de cette ville, mais
comme ce sont des manufactures de mouvements
de pendules, je m'en occuperai d'une manière spé-
ciale dans une prochaine lettre.

De même que les départements du Doubs et de
Saône-et-Loire, celui du Jura faisait partie de la
Franche-Comté, et comme tel, avant 1674, il appartenait à l'empire germanique. Déjà à cette
époque, et même antérieurement, le Jura était
renommé pour ses petites horloges, qu'on nom-
mait et que l'on nomme encore aujourd'hui
horloges de *Comté*. Toutefois, ce produit, pendant tout le dix-huitième siècle, laissait beaucoup
à désirer pour la qualité et le prix de revient,
parce que les manufactures, à cette époque, n'é-
taient pas munies d'outils-machines, lesquels ne

furent inventés qu'au commencement du dix-
neuvième siècle.

Depuis quelques années, la fabrication des horloges dans le Jura s'est beaucoup améliorée, et
l'exportation qu'on en fait annuellement en Europe, et même dans les deux Amériques, est très
considérable.

Il ne faut pas confondre les horloges du Jura
avec celles de la forêt Noire. Celles-ci sont en
bois et en cuivre, elles ne vont que vingt-quatre
heures sans être remontées, et leur peu de soli-
dité oblige ceux qui en font usage à les faire
souvent réparer, ce qui devient très coûteux.
D'ailleurs, ces sortes de machines ne peuvent donner l'heure qu'approximativement, et leur bas
prix seul a pu les faire adopter jusqu'à présent
par nos ouvriers et dans nos campagnes.

Les horloges de *Comté* sont au contraire très
solidement établies, les principes y sont fidèlement observés; elles marchent huit jours et même
quinze jours sans être remontées; leur régularité
est souvent parfaite, et comme elles sont en cuivre
et en acier, elles n'ont besoin d'être réparées
qu'à de longs intervalles. Si nous ajoutons que

ces excellentes pièces ne coûtent que 45 à 50 fr., on comprendra pourquoi on les préfère aujourd'hui aux mauvaises horloges de la forêt Noire.

Du reste, les fabricants d'horlogerie de la ville de Morez, où se font particulièrement les horloges, ne se bornent pas à établir celles que l'on désigne sous le nom d'*horloges de Comté*, et qui sont renfermées dans des boîtes en sapin peintes ou simplement vernies; quelques-uns de ces fabricants font aussi des horloges monumentales dont ils ont un très grand débit; car, étant d'un prix minime, toutes les maisons communes des petites villes et des villages, toutes les églises, même celles des bourgs, et enfin tous les grands établissements, usines, manufactures, etc., peuvent en faire l'acquisition.

A ces deux industries très fructueuses, les manufacturiers de Morez et des localités voisines en ont ajouté plusieurs autres, telles que celle de la fabrication des pendules dites de voiture, et celle des boîtes à musique.

Les pendules de voitures, ou portatives, du Jura, diffèrent des anciennes en ce que celles d'aujourd'hui n'ont plus, comme les premières, un pendule portant, à son extrémité inférieure, une masse lenticulaire servant à régler le mouvement de la machine; on leur a substitué un balancier semblable à celui qui fonctionne dans les montres, et qui est mu par un échappement à cylindre, à ancre ou même à détente à ressort. L'échappement que les fabricants du Jura ont adopté généralement est celui à cylindre, comme étant le moins difficile à exécuter et le moins coûteux.

Les boîtes à musique ont reçu ici, comme à Sainte-Suzanne, plusieurs perfectionnements d'une importance réelle, et le débouché en est facile et avantageux. Enfin, monsieur, notre département du Jura est un des plus industrieux de la France, et le Doubs, qui l'arrose dans sa partie orientale, fait mouvoir un grand nombre de machines de toute espèce servant à la fabrication de divers objets d'utilité générale.

Les ouvriers et les paysans juraciens qui habitent le littoral voisin de la Suisse n'ont rien à envier aux ouvriers et paysans de ce dernier pays, car, de même que ceux-ci, ils se livrent, dans leurs montagnes, durant la rude saison d'hiver, aux travaux de la mécanique horlogère, à laquelle ils doivent l'aisance dont ils jouissent généralement.

Il est curieux d'observer ces laborieux travailleurs, exerçant leur industrie dans leurs chaumières, qui, comme celles de la Suisse, sont souvent obstruées par la neige et couvertes d'épais frimas. Dans ces habitations modestes, où règne la propreté la plus minutieuse, signe certain du bien-être, les hommes, les femmes et les enfants se livrent, suivant leurs forces et leur aptitude, à la fabrication des horloges, qui, lorsque la belle saison reviendra, seront vendues sur le marché de la petite ville de Morez, entrepôt général de presque toute l'horlogerie du Jura.

L'emplacement qu'occupe aujourd'hui Morez n'était, avant 1734, qu'une vallée déserte et profonde toute hérissée de sapins séculaires et de roches calcaires que recouvraient le lierre et la mousse. La Bienne, petite rivière dont la source est dans les montagnes voisines, promenait ses eaux tranquilles dans cette morne solitude. Cependant un forgeron entreprend d'y bâtir sa demeure, ses ouvriers y forment à leur tour des établissements. Un négociant distingué, M. Jean Baptiste Dolord, dirige les travaux de la colonie naissante, et ce fut là l'origine de Morez.

Bientôt, l'industrie enfantant des prodiges, les forges se multiplient dans cette vallée, la population s'y accroît, le flanc des montagnes s'ouvre pour donner passage aux communications commerciales, et enfin, en 1820, c'est-à-dire quatre-vingt-six ans plus tard, Morez renfermait déjà 1,605 habitants, qui tous ne subsistaient que du fruit de leur industrie.

Aujourd'hui Morez est le centre d'un commerce très important. Plusieurs horlogers de cette ville ont concouru avec succès à l'Exposition universelle : ce sont MM. Bailly père et fils, Chavin, Clément et Bourgeois. On compte dans cette même ville environ cinquante *établisseurs* ou marchands d'horloges de toute espèce, de fabricants de musiques mécaniques, de tourne-broches, etc. Ces honorables et habiles industriels occupent dans l'intérieur de la ville et dans les villages circonvoisins, plusieurs centaines d'ouvriers dans tous les genres.

Mijoux, petit village limitrophe du canton de Vaud, renferme une fabrique très importante de *trous en rubis* pour les montres. M. David, à qui appartient aujourd'hui le château de Ferney-Voltaire, est propriétaire de cette fabrique, et il livre chaque jour aux horlogers de Besançon et à ceux de la Suisse, une très grande quantité de ces trous en rubis qui sont devenus indispensables dans l'horlogerie.

La ville de Saint-Claude, située à l'extrémité méridionale du département, est aussi au nombre des villes les plus industrieuses du Jura. On y fabrique, comme à Morez, des horloges, des tourne-broches et des musiques mécaniques.

Cette ville s'honore d'avoir donné le jour à l'un des plus savants horlogers de l'Europe, au célèbre Antide Janvier, dont les travaux eurent une si large part au progrès de l'horlogerie en France et à l'étranger (1).

Agréez, etc.

----

(1) Voir la note 7e à la fin du volume.

HUITIÈME LETTRE.

Dieppe, 1er octobre 1852.

MONSIEUR,

Jusqu'à la fin du dernier siècle, la fabrication des mouvements de pendules de cheminée était un travail long et difficile, et le prix de chacun de ces mouvements s'élevait en moyenne, pour les plus simples dans leurs dispositions, à une somme de 100 francs. La plus petite complication dans le mécanisme en élevait souvent le prix à 150 et même à 200 francs.

Aussi, à cette époque, les pendules étaient un objet de luxe, et les personnes riches pouvaient seules en orner leurs appartements.

Deux hommes changèrent cet état de choses, et, par des moyens d'exécution plus faciles, firent descendre le prix des mouvements à une somme, relativement, très minime en France. Ces deux hommes, également recommandables, furent M. Japy père et M. Pons.

M. Japy, à l'aide d'outils-machines fort ingénieux et d'une grande puissance, parvint à fabriquer dans sa manufacture de Beaucourt, village du Haut-Rhin, des ébauches de mouvements qui, bientôt, adoptés par les artistes, eurent pour effet d'abréger énormément la main-d'œuvre et par conséquent de la rendre moins coûteuse.

M. Pons créa, à Saint-Nicolas-d'Arliermont, près Dieppe, une fabrique rivale qui n'eut pas moins de succès que celle de Beaucourt, et le jury de nos expositions quinquennales eut à constater successivement les progrès de ces deux importantes manufactures. L'horlogerie est surtout redevable à M. Pons de plusieurs améliorations réelles dans la fabrication des blancs-roulants, et ceux qui portaient son nom furent longtemps, et avec raison, l'objet de la préférence des horlogers.

6

La fabrique de Dieppe est encore aujourd'hui très estimée, et MM. Croute, Boromée de Lépine, Cailly, l'aîné et le jeune, continuent à livrer au commerce, à un prix très modéré, des blancs-roulants d'une très belle qualité. Il se fait aussi dans le pays des ébauches de régulateurs ; on y établit même des chronomètres nautiques qui font un excellent usage à bord des navires.

La maison actuelle de MM. Japy frères est connue du monde entier par l'immense quantité de blancs-roulants de pendules qu'elle livre annuellement au commerce, et aussi par ses ébauches de montres dont les Suisses eux-mêmes font une grande consommation. Cette maison existe depuis le commencement du siècle, et déjà, sous l'empire, elle avait acquis une très grande importance ; mais, en 1815, les troupes étrangères étant entrées en France, elles portèrent la désolation et la mort dans les contrées qu'elles traversèrent, et le Haut-Rhin ne fut pas épargné par elles ; l'incendie dévora la manufacture de M. Japy : ses machines furent pillées ou brûlées, et les ouvriers que cet honorable industriel occupait, impuissants pour le défendre, se dispersèrent de tous côtés.

A cette époque, profitant de cette circonstance désastreuse, des capitalistes fondèrent en Suisse, dans le village de Fontaine-Melon, canton de Neuchatel, une fabrique d'ébauches de montres à l'instar de celle qui n'existait plus dans le Haut-Rhin, et cette fabrique, aidée par quelques ouvriers français que les propriétaires y avaient attirés, pouvait prendre des proportions colossales et faire un tort irréparable à M. Japy. Mais bientôt, par la courageuse activité de celui-ci, la manufacture de Beaucourt se releva plus vaste et plus belle que la première, et l'outillage dont elle fut munie surpassa de beaucoup, en puissance et en nombre, celui qui avait été précédemment saccagé par les hordes ennemies.

On se fera une idée de l'importance de Beaucourt quand on saura qu'il sort annuellement de cette fabrique environ 60,000 blancs-roulants de pendules et 36,000 douzaines d'ébauches de montres.

MM. Japy n'ont point de concurrents sérieux pour ce dernier produit ; mais, en ce qui concerne les blancs-roulants de pendules, c'est autre chose. Là, ces fabricants ont non-seulement à lutter contre les manufactures de Dieppe, mais encore, et surtout, contre celles qui existent aux environs de Montbéliard.

L'une est connue dans le commerce sous le nom de son premier fondateur, M. Vincenti ; l'autre est habilement exploitée par MM. Marti et compagnie. Ces deux fabriques fournissent à peu près, annuellement, 40,000 blancs-roulants de pendules, simples ou à sonnerie.

La rivalité qui s'établit entre ces diverses fabriques est très utile ; elle y maintient l'émulation, elle assure le bon marché du produit ; et ce bon marché est tel aujourd'hui que, pour 25 ou 30 francs seulement, on peut avoir un mouvement de pendule entièrement terminé. Il en est d'un prix beaucoup plus élevé, suivant les soins que l'on donne au finissage et en raison de la nature de l'échappement.

Si j'examine la fabrique parisienne, qui fut si riche autrefois, je serai obligé de dire qu'elle est aujourd'hui d'une nullité complète en ce qui concerne les montres. Celles-ci, comme je l'ai déjà dit, viennent de la Suisse et de Besançon. Ainsi, l'horloger parisien, qu'il soit en chambre ou en boutique, dans les quartiers riches ou pauvres, qu'il ait une réputation européenne ou qu'il soit inconnu, ne fabrique pas les montres qu'il vend. Il se borne à les finir, à les repasser, et c'est là un travail très important, car, je ne puis trop le répéter, une montre, quelque bien faite qu'elle soit, genevoise ou neuchateloise, a besoin d'être repassée avec un soin tout particulier, pour constituer une montre parfaitement bonne.

Quelques ouvriers de Paris sont d'ailleurs très capables de faire des montres, et ils en établissent quelquefois; mais ce sont alors des pièces de précision qui, étant d'un prix fort élevé, ne peuvent convenir qu'à de très riches amateurs.

Il faut bien le dire : il est difficile à Paris de distinguer un véritable horloger, connaissant sa profession, d'un simple industriel vendant des montres ou des pendules sans en connaître le mécanisme; et il arrive très souvent aux acheteurs de s'adresser, pour faire l'acquisition d'une bonne montre dont ils ont besoin, à un ci-devant marchand de parapluies, de bas ou de souliers, lequel aura eu la fantaisie d'ouvrir un magasin d'horlogerie, et qui, dans des annonces mensongères, multipliées sous toutes les formes, osera se dire fabricant.

Espérons que, bientôt, une sage modification dans la législation industrielle viendra mettre un terme à ce honteux scandale, dont le public, en définitive, est toujours victime.

En trois choses seulement, Paris se montre supérieur à toutes les autres villes de l'Europe. C'est pour la fabrication des horloges monumentales, pour les chronomètres nautiques et pour les pendules de voyage.

L'Exposition universelle m'a fourni l'occasion de louer sans réserve les belles horloges de M. Wagner neveu, et cet excellent fabricant a reçu à Londres la médaille de premier rang, et en France la croix de la Légion-d'Honneur, juste récompense des services qu'il a rendus à l'horlogerie nationale.

Les pendules de voyage que font quelques-uns de nos artistes sont très recherchées, non-seulement en France, mais aussi en Angleterre, en Russie et en Amérique. Ces petites pendules sont fort élégantes dans leur forme, et le mécanisme en est supérieurement exécuté.

Quant à nos chronomètres nautiques, ils sont préférables à ceux de l'Angleterre et de toutes les autres nations ; malheureusement, leur prix étant excessivement élevé, la marine marchande française et étrangère est obligée de s'en priver et de faire usage de ceux que l'on fabrique, à un prix beaucoup plus modéré, à Londres et à Liverpool (1).

Plusieurs horlogers, dans diverses villes de France, s'occupent d'horlogerie avec beaucoup de succès, et ils cherchent continuellement à améliorer les principaux organes des montres, des horloges ou des pendules.

Parmi ces horlogers, je citerai particulièrement M. Pescheloche – Vivin, d'Epernay, département de la Marne ; M. Boussard, à Toulouse ; M. Robert, à Sancerre, département du Cher, et Calame (Auguste), à Rhetel (Ardennes).

M. Pescheloche-Vivin, aussi recommandable par son talent que par son extrême modestie, a paru avec distinction à plusieurs de nos expositions. Il est parvenu, par un mécanisme très ingénieux,

---

(1) Voir la note 8e à la fin du volume.

à égaliser la force motrice dans les pendules et dans les montres, et par là il a rendu un grand service à l'horlogerie.

M. Boussard, par un moyen différent, a obtenu le même résultat, et son système, comme celui de M. Pescheloche, a été approuvé par la Société d'encouragement de Paris.

M. Robert, à Sancerre, est l'inventeur d'un genre de montre à répétition fort remarquable, en ce que cette montre est sans petit rouage, ce qui, en la simplifiant, en diminue de beaucoup le prix et rend les réparations moins fréquentes. Espérons que la fabrique sera bientôt appelée à mettre à exécution, sur une large échelle, l'invention de M. Robert, qui mérite de recueillir le fruit de son travail.

Quant à M. Calame, il se livre exclusivement à l'horlogerie monumentale, et dans ce genre de fabrication difficile, il a réussi complétement. Il vient de terminer une horloge fort compliquée dans ses rouages et dont l'exécution est parfaite. Cette pièce, qui fut commandée à l'auteur par M. Le Bienvenu Dubusc, propriétaire du château d'Arnicourt, est placée dans le vestibule de ce château ; elle fait mouvoir régulièrement les ai- guilles de quarante cadrans, dont vingt-deux in- diquant les heures comparatives de divers points du globe, neuf marquant séparément les heures, les minutes, les quantièmes des jours, des se- maines et des mois, les phases de la lune et le cours du soleil avec les équations du temps, et enfin neuf autres cadrans qui, au moyen de trin- gles en fer se terminant par des engrenages, donnent l'heure dans les divers appartements du château.

L'échappement de ce beau monument d'horlo- gerie est à chevilles et à remontoir d'égalité. Si nous faisons l'éloge de cette pièce, ce n'est pas parce qu'elle est extrêmement compliquée, ce qui est bien loin d'être une qualité ; c'est seulement, ainsi que nous venons de le dire, parce que l'exé- cution en est excellente, et aussi parce que tous les effets s'y produisent avec une extrême préci- sion. C'est là ce qui prouve le talent de M. Au- guste Calame.

D'autres horlogers se distinguent aussi dans nos départements ; tels sont MM. Bienaymé, de Dieppe ; Croutte (Seine-Inférieure) ; Boyer, à

Dôle (Jura) ; Bernardin (Haute - Saône); Mabire (Manche); Rudet (Oise), etc.

J'ai dit, monsieur, dans une précédente lettre, en parlant de Besançon, que la fabrique de cette ville serait susceptible de faire des progrès, si l'on y fondait une école d'horlogerie théorique et pratique ; je le dirai aussi pour Paris. Dans ce grand centre industriel, où séjournent tour à tour presque tous les ouvriers de la France, les élèves dans l'art des Berthoud et des Breguet ne trouvent aucun moyen de s'instruire.

Le Conservatoire des arts et métiers, l'École centrale des manufactures n'ont pas une chaire pour la science chronométrique ; il semble que cette science, illustrée jadis par tant de grands maîtres, ne doive plus être désormais en France qu'un métier vulgaire et purement manuel. Pourtant l'horlogerie a été la source des plus grandes choses ; les plus belles découvertes dans la mécanique, dans l'astronomie et dans presque toutes les autres sciences lui sont dues. La laisserons-nous tomber tout à fait en France ? ou bien attendrons-nous, pour essayer de la régénérer, que tous les bons ouvriers qui nous restent encore aujourd'hui n'existent plus ? Ce moment n'est pas éloigné. Paris n'est déjà plus fabricant, et son or va chaque jour alimenter et fortifier les fabriques étrangères.

L'exposition quinquennale s'approche : espérons qu'elle sera universelle, et que nos meilleurs artistes en horlogerie y présenteront des produits dignes de leurs talents, dignes de la France. Nous avons, du reste, déjà la certitude que ce concours sera brillant. Que les étrangers ne craignent pas de s'y présenter, nous les accueillerons avec faveur et distinction ; l'hospitalité chez nous est toujours largement exercée, et les fabricants, à quelque nation qu'ils appartiennent, trouveront des juges impartiaux, et ils seront récompensés selon leurs œuvres.

Ici, monsieur, se termine la mission que vous m'avez confiée, et j'ai la conscience de l'avoir remplie avec la plus scrupuleuse impartialité.

Agréez, etc.

FIN.

NOTES.

NOTE PREMIÈRE.

Voici la description que donne l'historien Rabel, fol. 118, de la décoration extérieure de l'horloge du Palais :

« L'an 1585, sur la fin du mois de novembre,
» fut achevé l'ouvrage du quadran du palais, le-
» quel, avec sa décoration, est estimé le plus haut
» de toute la France. Le conducteur d'icette ou-
» vrage fut Germain Pilon, maître statuaire et
» l'un des premiers en son art, lequel a rendu
» des ouvrages cy parfaicts en notre ville de Pa-

» ris et autres lieux de France, que la mémoire
» en sera perpétuelle.

» Du haut d'iceluy quadran y a premièrement
» le pourtraict d'une colombe signifiant le Saint-
» Esprit, sous laquelle est une couronne de lau-
» rier qui est dessus, et deux autres couronnes
» qui sont sur les écus de France et de Pologne;
» le tout enclos d'un collier de l'ordre du Saint-
» Esprit, créé et institué par le roy Henri, à pré-
» sent régnant, et dessus est écrit :

» QUI DEDIT ANTE DUAS, TRIPLICEM DABIT ILLE CORONAM. »

« Celui qui lui a déjà donné deux couronnes lui
» donnera une triple couronne. »

» En l'un des côtés du quadran est représentée
» Pitié, tenant un livre ouvert auquel est écrit :

» SACRA DEI CELEBRARE PIUS, REGALE TIME JUS. »

» Pieux observateur de la loi divine,
» respecte le droit royal. »

» Et de l'autre côté, Justice tenant une balance.
» (Corrozet appelle ces deux figures Force et Jus-
» tice.) Au bas dudit quadran est écrit :

» MACHINA QUÆ BIS SEX TAM JUSTE DIVIDIT HORAS,
» JUSTITIAM SERVARE MONET, LEGESQUE TUERI. »

» Ces inscriptions sont de Jean Passerat, profes-
» seur en éloquence. »

Cette description n'est pas tout à fait complète. Rabel ne dit pas, par exemple, que le fond du tableau représentait le manteau royal parsemé d'abeilles et de fleurs de lis d'or.

On se tromperait grandement si l'on supposait qu'au quatorzième siècle, les horloges avaient cette complication dans les rouages qu'elles eurent, par exemple, vers la fin du seizième siècle. Froissart, qui fut contemporain de Charles V, nous a laissé une curieuse et très exacte description des horloges de son temps, et c'est en nous appuyant particulièrement sur ce document que nous allons entreprendre de faire ici une petite dissertation sur la composition primitive de ces machines.

L'HORLOGE AMOUREUSE, tel est le titre que Froissart donne à sa description.

... Or, vœil parler de l'état de l'horloge,
La premeraine roe (*roue*) qui y loge

Celle est la mère et li commencemens
Qui fait mouvoir les autres mouvemens...
Le plonk (*le poids*), trop bien à la beauté s'accorde.
Plaisance s'est montrée par la corde
Si proprement qu'on ne poroit mieulz le dire ;
Car, tout ainsi que le contre-pois tire
La corde à lui, et la corde tirée,
Quand la corde est bien à droit attirée.
Retire à lui et le fait émouvoir.

. . . .

    Après, affiert à parler dou dyal (*mouvement diurne*)
Et ce dyal est la roe journal
Qui, en ung jour naturel seulement,
Se moet (*se meut*) et fait un tour précisément.
En ce dyal dont grans est li mérites
Sont les heures XXIIII décrites.......
    C'est le derrain (*dernier*) mouvement qui ordonne
La sonnerie, ainsi qu'elle sonne ,
Or, faut savoir comment elle se fait.
Par deux roes ceste œuvre se parfait
Si porte o li (*avec elle*), cette première roe ,
Un contre-pois par quoy e se roe (*elle se meut*),
Et qui le fait mouvoir, selonc m'entente,
Lorsque levée est à point la destente,
Et la seconde est la roe chantore (*roue de la sonnerie*).

Ici, Froissart décrit les fonctions principales de ces deux rouages, *du foliot* (le balancier), de la roue *de compte*. Il dit que les horlogers doivent souvent relever les poids, c'est-à-dire remonter l'horloge, etc.

Il résulte de cette description du savant historien, que les horloges de son temps se composaient de deux corps de rouages extrêmement simples. Le premier, celui des heures, ne comportait que trois roues : celle qui supportait le poids et le contrepoids, celle qui portait l'aiguille indicative des heures, et enfin la roue de rencontre, dont les dents, taillées *en rochet*, entretenaient le mouvement oscillatoire du balancier, nommé *foliot*.

La sonnerie avait aussi une roue motrice qui portait le poids et le contrepoids. Elle engrenait dans un pignon fixé au centre d'une autre roue nommée *chantore*, laquelle entraînait dans son mouvement de rotation *le volant*, modérateur obligé de tout rouage de sonnerie. Les chevilles, ou *brochettes*, comme les appelle Froissart, qui servaient à lever le marteau, dont la fonction était de frapper les heures sur la cloche, étaient placées à l'extrémité du diamètre de la roue motrice et perpendiculairement à son plan.

Nous donnons ces détails parce que nous savons que plusieurs savants, et divers horlogers de la France et de l'étranger, se sont trompés dans les descriptions qu'ils nous ont données des horloges du quatorzième siècle. Ainsi, pour ne parler que de celle de Henri de Vic, elle a été le sujet d'une erreur d'autant plus regrettable, que cette erreur a été commise par un homme qui fait autorité dans la science, le célèbre Julien le Roi. Cet habile artiste vit cette horloge au commencement du dix-huitième siècle, et, supposant qu'elle était encore dans son état primitif, il en donna la description avec figures explicatives, etc. Cette description est celle d'une horloge du dix-septième siècle, et non pas celle qui fut confectionnée par l'horloger de Charles V.

Trois siècles s'étaient écoulés depuis l'érection primitive de cette horloge jusqu'au jour où Julien le Roi la vit dans la tour du Palais ; et cet artiste ne se rendit pas compte que, pendant le cours de ces trois siècles, cette machine avait été réparée, modifiée, augmentée et refaite dans des conditions meilleures, dix fois, vingt fois peut-être. Il ne comprit pas, à la simple inspection de cette pièce si correctement exécutée, qu'elle ne pouvait pas être l'œuvre d'un ouvrier du moyen-âge, de cette époque si rapprochée du berceau de l'horlo-

geric, où nul outil-machine propre à diviser les
dents des roues et des pignons n'était encore inventé, où la main de l'homme seule, après les
plus pénibles tâtonnements, parvenait enfin à faire
rouler sur leurs pivots ces rouages boiteux qui
composaient alors une horloge.

D'ailleurs, celle qu'il décrit n'était pas faite d'a-
près le mode du poids et du contrepoids, dont
l'un monte pendant que l'autre descend; elle se
montait avec une clef comme une horloge moderne. Le cadran était divisé en 12 heures au lieu
de 24. Enfin les systèmes de sonnerie, de détente, la facture des roues et des pignons, la composition du *volant*, des pièces qui conduisent les
aiguilles, tout, en un mot, diffère dans la pièce
de Julien le Roi de celle qui fut faite par Henri de
Vic. Le *foliot* seul est conservé dans cette machine, et cela se conçoit très bien, car le pendule
n'ayant été appliqué aux horloges que vers le milieu du siècle de Louis XIV, les horlogers n'adop-
tèrent pas tous immédiatement ce nouveau régu-
lateur, malgré sa supériorité incontestable.

Julien le Roi ne connaissait donc pas la composition des horloges primitives : ces instruments,

comme on le voit dans des mémoires qui existent encore aujourd'hui dans les archives de Lille, de Dijon, de Metz, et qui ont été cités par le savant antiquaire Gabriel Peignot, M. de Laborde, M. le docteur Bégin et autres érudits contemporains ; ces instruments, disons-nous, étaient tels que les a décrits le célèbre auteur de l'*horloge amoureuse.*

Nous ajouterons à ce que nous avons déjà dit sur l'horlogerie ancienne, que l'Europe seule n'eut pas le monopole de la fabrication des horloges pendant les siècles qui précédèrent la Renaissance. Les peuples de l'Orient, à ces mêmes époques, étaient aussi très habiles dans l'art de construire des instruments propres à mesurer le temps.

M. L'abbé Bargès, professeur d'hébreu à la Sorbonne, savant orientaliste, vient de publier une curieuse histoire des souverains de Tlemcen (in-12), dans laquelle il donne une description pleine d'intérêt d'une horloge arabe du quatrième siècle.

Après avoir parlé de la magnificence du palais d'Abou-Hammou, sultan de Tlemcen, M. l'abbé Bargès ajoute ceci :

« . . . . . Ce qui excitait surtout l'admiration des spectateurs, c'était la merveilleuse horloge qui décorait le palais du roi. Cette pièce de mécanique était ornée de plusieurs figures d'argent d'un travail très ingénieux et d'une structure solide.

» Au-dessus de la caisse s'élevait un buisson, et sur ce buisson était perché un oiseau qui couvrait ses deux petits de ses ailes. Un serpent qui sortait de son repaire, situé au pied même de l'arbuste, grimpait doucement vers les deux petits, qu'il voulait surprendre et dévorer. Sur la partie antérieure de l'horloge étaient dix portes, autant que l'on compte d'heures dans la nuit, et à chaque heure une de ces portes tremblait en frémissant; deux portes plus hautes et plus larges que les autres occupaient les extrémités latérales de la pièce. Au-dessus de toutes ces portes et près de la corniche, l'on voyait le globe de la lune qui tournait dans le sens de la ligne équatoriale, et représentait exactement la marche que cet astre suivait alors dans la sphère céleste. Au commencement de chaque heure, au moment où la porte qui la marquait faisait entendre son frémissement, deux aigles sortaient tout à coup du fond des deux grandes portes, et venaient s'abattre sur un bassin de cuivre, dans lequel ils laissaient tomber un poids également de cuivre, qu'ils tenaient dans leur bouche. Ce poids, entrant dans une cavité qui était pratiquée dans le milieu du bassin, roulait dans l'intérieur de l'horloge. Alors le serpent, qui était parvenu au haut du buisson, poussait un sifflement aigu et mordait l'un des petits oiseaux, malgré les cris redoublés du père, qui cherchait à les défendre. Dans ce moment, la porte qui marquait l'heure présente, s'ouvrant toute seule, il paraissait une jeune esclave, douée d'une beauté sans pareille, portant une ceinture en soie rayée. Dans sa main droite, elle présentait un cahier ouvert où le nom de l'heure se lisait dans une petite pièce écrite en vers ; elle tenait la main gauche appliquée sur sa bouche, comme quand on salue un khalife. »

L'horloge s'appelait en arabe *la Mengunah*. Elle parut pour la première fois à la fête du Mauled, l'an 760 de l'hégyre, qui correspond à l'année 1358-9 de notre ère.

Cette machine merveilleuse avait pour auteur un fameux alfakih de Tlemcen, nommé Abou'l-Hassan Ali ben Ahmed.

NOTE DEUXIÈME.

Pierre-Augustin Caron, qui prit à vingt ans le nom de Beaumarchais, naquit le 25 janvier 1732, dans la boutique de son père, horloger, située rue Saint-Denis, presque en face de celle de la Ferronnerie. Le jeune Caron avait à peine treize ans, lorsqu'il commença son apprentissage d'horloger. Son imagination ardente, son goût pour les plaisirs vifs et bruyants ne lui permirent pas d'abord de faire de grands progrès dans l'art auquel on le destinait; mais après maintes esca-

---

(1) C'est M. Ferdinand Denis, de la bibliothèque Sainte-Geneviève, homme aussi distingué par son esprit et son érudition que par son extrême obligeance, qui nous a fait connaître le livre de M. l'abbé Bargès, d'où nous avons extrait la note concernant l'horloge de Tlemcen.

pades qui rappellent quelque peu celles du page Chérubin, il se donna enfin tout entier à l'horlogerie, et il y réussit au delà des espérances paternelles. En effet, à peine âgé de vingt ans, le futur auteur du *Mariage de Figaro* avait déjà inventé l'échappement dit à chevilles, que, peu de temps après, l'horloger Le Paute lui disputa sans succès, car l'Académie des Sciences ayant été mise en demeure de se prononcer entre les deux compétiteurs, donna solennellement gain de cause au jeune horloger de la rue Saint-Denis. Ce jugement offrit à Beaumarchais l'occasion d'écrire les lettres suivantes, qui l'aidèrent à se produire dans le monde, et dans lesquelles il se montre aussi bon commerçant qu'excellent logicien.

Lettre adressée à l'Académie des Sciences, le 13 Novembre 1753 (1).

« Instruit, dit-il, dès l'âge de 13 ans, par mon

---

(1) Ces lettres sont extraites d'un article de la *Revue des Deux Mondes*, inséré dans la livraison du 1er octobre 1852. Cet article est de M. de Loménie, savant distingué qui a trouvé des documents précieux concernant la vie de Beaumarchais.

père, dans l'art de l'horlogerie, et animé par son exemple et ses conseils, à m'occuper sérieusement de la perfection de cet art, on ne sera pas surpris que, dès l'âge de 19 ans seulement, je me sois occupé à m'y distinguer et à tâcher de mériter l'estime publique. Les échappements furent les premiers objets de mes réflexions. Retrancher tous leurs défauts, les simplifier et les perfectionner fut l'aiguillon qui excita mon émulation. Mon entreprise était sans doute téméraire ; tant de grands hommes, que l'application de toute ma vie ne me rendra peut-être jamais capable d'égaler, y ont travaillé sans être parvenus au point de perfection tant désiré, que je ne devais pas me flatter d'y réussir ; mais la jeunesse est présomptueuse, et ne serai-je pas excusable, Messieurs, si votre jugement couronne mon ouvrage? Mais quelle douleur si le sieur Lepaute réussissait à m'enlever la gloire d'une découverte que vous auriez couronnée!... Je ne parle pas des injures que le sieur Lepaute écrit et répand contre mon père et moi, elles annoncent ordinairement une cause désespérée, et je sais qu'elles couvrent toujours de confusion leur auteur. Il me suffira pour le présent que votre jugement, Messieurs, m'assure la gloire que mon adversaire veut me ravir, et que j'espère de votre équité et de vos lumières.

« CARON fils. »

Lettre adressée au **Mercure** *le 16 Juin* **1755.**

« Monsieur, je suis un jeune artiste qui n'ai l'honneur d'être connu du public que par l'invention d'un nouvel échappement à repos pour les montres, que l'Académie a honoré de son approbation et dont les journaux ont fait mention l'année passée. Ce succès me fixe à l'état d'horloger, et je borne toute mon ambition à acquérir la science de mon art. Je n'ai jamais porté un œil d'envie sur les productions de mes confrères: cette lettre le prouve (1); mais j'ai le malheur de souffrir fort impatiemment qu'on veuille m'enlever le peu de terrain que l'étude et le travail m'ont fait défricher. C'est cette chaleur de sang, dont je crains bien que l'âge ne me corrige pas, qui m'a fait dé-

-----

(1) Beaumarchais, en commençant cette lettre, avait fait l'éloge de Romilly, excellent horloger de Genève, établi à Paris.

fendre avec tant d'ardeur les justes prétentions que j'avais sur l'invention de mon échappement, lorsqu'elle me fut contestée il y a environ 18 mois.

» Je profite de cette occasion pour répondre à quelques objections qu'on m'a faites sur mon échappement dans divers écrits rendus publics. En se servant de cet échappement, a-t-on dit, on ne peut pas faire de montres plates ni même de petites montres, ce qui, supposé vrai, rendrait le meilleur échappement connu très incommode. »

Après quelques détails techniques qui se rapportent à l'invention de l'échappement à chevilles ou à ancre, Beaumarchais termine ainsi :

« Par ce moyen, je fais des montres aussi plates qu'on le juge à propos, plus plates qu'on en ait encore fait, sans que cette commodité diminue en rien leur bonté. La première de ces montres simplifiées est entre les mains du roi; Sa Majesté la porte depuis un an, et elle en est très contente. Si des faits répondent à la première objection, des faits répondent également à la seconde. J'ai eu l'honneur de présenter à Madame de Pompadour, ces jours passés, une montre dans une bague de cette nouvelle construction simplifiée, la plus petite qui ait encore été faite : elle n'a que quatre lignes et demie de diamètre et une ligne moins un tiers de hauteur entre les platines. Pour rendre cette bague plus commode, j'ai imaginé en place de clé un cercle autour du cadran, portant un petit crochet saillant ; en tirant ce crochet avec l'ongle, environ les deux tiers du tour du cadran, la bague est remontée, et elle va trente heures. Avant que de la porter à Madame de Pompadour, j'ai vu cette bague suivre exactement pendant cinq jours ma pendule à secondes : ainsi, en se servant de mon échappement et de ma construction, on peut donc faire d'excellentes montres aussi plates et aussi petites qu'on le jugera à propos.

« CARON fils, horloger du roi. »

Voici encore un passage d'une lettre écrite par Beaumarchais à un de ses cousins, horloger à Londres.

« J'ai enfin livré la montre au roi. Sa Majesté m'a ordonné de la monter et de l'expliquer à tous les seigneurs qui étaient au lever, et jamais Sa Majesté n'a reçu aucun artiste avec tant de bonté; elle a voulu entrer dans le plus grand détail de ma machine. C'est là que j'ai eu lieu de vous rendre beaucoup d'actions de grâces du présent de votre loupe, que tout le monde a trouvée admirable. Le roi s'en est servi surtout pour examiner la montre de bague de Madame de Pompadour, qui n'a que quatre lignes de diamètre et qu'on a fort admirée, quoiqu'elle ne fût pas encore achevée. Le roi m'a demandé une répétition, dans le même genre, que je lui fais actuellement. Tous les seigneurs suivent l'exemple du roi, et chacun voudrait être servi le premier. J'ai fait aussi pour Madame Victoire une petite pendule curieuse dans le goût de mes montres, dont le roi a voulu lui faire présent; elle a deux cadrans, et de quelque côté qu'on se tourne, on voit l'heure qu'il est.... »

A 25 ans, Beaumarchais s'était déjà introduit parmi les gens de cour et il en avait pris toutes les allures; estimé du roi, admis dans l'intimité des filles de France, qu'il charmait par son esprit et ses talents, il voulut acheter une charge à la cour et se faire anoblir. Tout se préparait selon ses désirs : il avait l'argent pour acheter sa charge, Louis XV lui tenait prêtes ses lettres de noblesse, mais un obstacle imprévu se présenta : comment anoblir un homme dont le père exerçait l'état d'horloger ? le fils d'un courtaut de boutique, ce n'était pas possible ; les grands seigneurs s'y opposaient. Bref, à force d'instances auprès de son père, Beaumarchais obtint de celui-ci la cessation de son commerce, et alors rien ne s'opposa plus à ses projets, il eut sa charge à la cour, et s'appela Monsieur de Beaumarchais. Nous rappelons ce fait parce qu'il est caractéristique, parce qu'il prouve la morgue invétérée d'une partie de la noblesse, même encore au suprême moment où la monarchie s'écroulait sous les coups réitérés des philosophes et de la puissance du tiers-état.

NOTE TROISIÈME.

La question d'employer les femmes à l'horlogerie peut être envisagée à ce double point de vue, celui de leur procurer de bonne heure des moyens d'existence honorables, et par là de les soustraire aux obsessions du vice, et celui d'être très utile à la fabrique elle-même, en lui permettant de faire exécuter divers ouvrages importants à peu de frais, et par là d'arriver à diminuer le prix de revient de la marchandise.

MM. Japy font travailler une quantité considéble de femmes habitant les localités qui avoisinent leur fabrique de Beaucourt, et l'on a remarqué que ces localités, situées dans le Haut-Rhin et dans le Doubs, ne fournissaient qu'un très petit nombre de sujets à la prostitution.

Il est donc à désirer que, dans tous les pays où l'on fabrique de l'horlogerie, et surtout des montres, on multiplie les écoles pour les jeunes filles.

Nous livrons ces réflexions aux moralistes et

aux économistes; nous les livrons surtout aux mères de famille et aux fabricants.

NOTE QUATRIÈME.

Comme je l'ai dit dans la préface, quelques fabricants de la Suisse n'ont pas été contents de mes appréciations touchant leurs produits, et ils ont réclamé dans les journaux des localités qu'ils habitent. Les réclamations des fabricants de Sainte-Croix sont fondées en partie, et le document suivant, qu'ils ont fait insérer dans *la Gazette de Lausanne*, et que je reproduis loyalement, servira à prouver mon extrême impartialité.

On lit dans ce journal, à la date du 9 octobre 1852 :

« L'horlogerie s'est introduite à Sainte-Croix à la suite de la révocation de l'Edit de Nantes. Vers le milieu du dix-huitième siècle on y comp-

tait un assez grand nombre d'horlogers travaillant pour les fabriques établies dans les montagnes de Neuchatel. Il ne manquait à cette localité
que des capitaux et des voies de communication
pour devenir le centre d'un grand mouvement
industriel.

« Au commencement du dix-neuvième siècle,
une nouvelle industrie, proche parente de l'horlogerie, s'acclimata à Sainte-Croix ; c'était celle
des tabatières à musique. L'extension qu'elle
prit en peu de temps est vraiment prodigieuse ;
dans le courant d'une seule année, en 1836, le
nombre des tabatières fabriquées s'éleva au
chiffre de 52,000. La population presqu'entière
s'était vouée à ce genre de fabrication ; l'horlogerie était restée sur l'arrière-plan. Cet état de
choses ne dura pas longtemps. La surabondance
des produits et la concurrence amenèrent une
baisse rapide dans les prix ; la crise commerciale qui éclata en Amérique à cette époque en-
trava l'écoulement et vint répandre le malaise ;
il fallut revenir à l'horlogerie.

« La transition n'était pas facile ; il ne restait
dans la commune, en 1837, que 50 ou 60 horlo-

gers, et ce n'est pas en une année que l'on pouvait combler cette lacune. La commune ne recula pas devant cet obstacle ; elle avait, dans les grands centres de fabrique, un bon nombre d'horlogers distingués dans leur art, elle fit un appel à leur patriotisme, elle avança quelques capitaux, et bientôt s'établit à Sainte-Croix une fabrique d'horlogerie, modeste à son début, mais qui prit bientôt de l'importance, et qui, maintenant, peut rivaliser avec les fabriques les plus renommées..... (1)

« En même temps que l'horlogerie prenait un

---

(1) C'est là une exagération. Sainte-Croix ne peut pas rivaliser avec les fabriques les plus renommées. Je sais qu'il y a dans cette localité des artistes remarquables, surtout comme planteurs d'échappements ; je sais aussi qu'il y a quelques fabricants du premier ordre, qui font de bons chronomètres et autres instruments de précision ; tels sont, par exemple, MM. Marius et Justin ; mais il ne s'ensuit pas que la fabrique proprement dite de ce pays soit au niveau de celles de Genève et du Locle, et nous serons dans le vrai en disant qu'elle peut rivaliser tout au plus, pour la qualité et le bon marché, avec celle de la Chaux-de-Fonds.

essor qui ne s'est pas arrêté, la fabrication des musiques recommençait à fleurir et offrait une ressource précieuse aux ouvriers des deux sexes. Il est vrai qu'il ne s'agissait plus exclusivement de tabatières à musique; cette fabrication était accompagnée de celle des *cartels*, grandes pièces qui exigent plus d'aptitude, et qui ont été poussées à une perfection surprenante. C'est par le concours de ces deux industries que Sainte-Croix est devenu prospère, et qu'il occupe dans le monde industriel une place qu'il serait injuste de vouloir lui disputer.

« A l'appui des données générales qui précèdent, il n'est pas inutile d'entrer dans des détails plus précis. Les chiffres ont une valeur irrécusable, et ceux que nous allons donner sont exacts.

« Le nombre des ouvriers occupés dans les deux industries se répartit comme suit: horlogers, 906; musiciens, 444; total, 1350.

« Les fabricants ou entrepreneurs sont au nombre de 47, dont 22 s'occupent exclusivement d'horlogerie; ils écoulent leurs marchandises en Amérique, en Angleterre, en Hollande, en France, en Espagne, en Italie, en Allemagne et en Russie.

« Les produits sortis des ateliers de la commune en 1851 sont: montres, 18,000; cartels, 3800; tabatières à musique, 30,500.

« Ces chiffres indiquent l'importance actuelle de la fabrique. Si maintenant l'on veut se faire une idée des progrès qu'elle a faits pour arriver au point où elle en est, il y a un moyen bien simple : c'est de consulter le revenu annuel des postes dans la localité pendant un certain laps de temps. Voici le relevé officiel qui a été fait à ce sujet :

				Par an.
1822, — L·	962,	soit	fr.	1394.
1832, — »	1947,	»	»	2821.
1842, — »	6029,	»	»	8737.

1852, — L· 1700 à 1800 p. m. soit passé f. 20000.»

Un passage de notre même lettre, du 6 septembre, reproduite par la *Gazette de Lausanne*, a donné lieu à une autre réclamation de la part de M. A. Margot, propriétaire à Giez (près Grandson). Cet honorable correspondant de la *Gazette*

ne croit pas à l'aridité du sol de Sainte-Croix.
Notre défaut de connaissance des lieux, dit-il,
nous a induit en erreur; c'est bien possible.
Voici ce que nous pouvons dire pour notre jus-
tification.

Nous trouvant, dans le courant du mois d'août,
dans le salon de lecture de l'hôtel des Alpes, à
Neufchatel, nous avisâmes dans la bibliothèque
de ce salon, un livre intitulé : *Dictionnaire géographique*, etc. de la Suisse. Nous ouvrîmes ce
livre et nous lûmes ceci : « Sainte-Croix, canton
de Vaud, etc. Ce cercle se compose de divers
vallons et coteaux, au pied de montagnes plus
élevées, etc. *Son sol aride se refuse presque aux
travaux de l'agriculture*, mais ses habitants y
suppléent par leur extrême industrie. » Ce dictionnaire géographique est, si je ne me trompe
pas, l'œuvre d'un ministre protestant du canton
de Vaud.

Nous remercions la *Gazette de Lausanne* de
nous avoir fourni l'occasion de rendre pleine justice
aux fabricants de Sainte-Croix. Nous remercions
aussi le journal *le Neuchatelois*, qui nous a si-
gnalé quelques erreurs que nous avions commises

en ce qui concerne les fabriques du canton de Neuchatel ; mais nous nous permettrons de ne pas être tout à fait d'accord avec lui touchant certains points historiques. Ainsi ce journal ne croit pas, comme nous l'avons dit, que ce furent des réfugiés français qui défrichèrent certaines localités du Jura suisse et qui y fondèrent des fabriques, etc. C'est pousser un peu loin l'esprit de nationalité que de nier un tel fait ; car, outre les écrivains qui le confirment, il y a encore aujourd'hui dans le canton de Genève, comme dans ceux de Vaud, de Neuchatel et de Berne, un grand nombre de familles, et des plus honorables, dont les pères étaient des réfugiés français, et il est de notoriété publique que ces réfugiés fondèrent des fabriques dans tous ces cantons.

Le rédacteur du même journal assure que les Suisses n'ont jamais copié les montres françaises. C'est là une inconcevable erreur de la part d'un homme qui doit connaître l'histoire de l'horlogerie en Europe. Cette histoire est telle que nous l'avons esquissée dans notre première lettre. Oui, pendant tout le dix-huitième siècle, l'horlogerie française fut la plus estimée de l'Europe, et la Suisse, plus que toute autre nation, la copia avec persévérance et parfois avec succès.

Quant à ce que nous dit notre honorable contradicteur, touchant le lieu de la naissance de Berthoud et de Breguet, il a parfaitement raison, ces deux hommes célèbres naquirent en Suisse, mais le premier en sortit à seize ans pour venir en France, et le second dont le père, disent les biographes, était un réfugié français, n'avait pas quinze ans lorsqu'il vint faire son apprentissage d'horloger à Versailles. Nous ajouterons que ces deux horlogers ne cessèrent pas d'habiter la France, qu'ils y furent naturalisés, et qu'ils y moururent.

NOTE CINQUIÈME.

Autrefois, les montres qui sortaient des fabriques du canton de Neuchatel n'étaient pas réglées. Les spiraux que l'on attachait à la virole du balancier étaient toujours ou trop forts ou trop faibles, ce qui obligeait les horlogers à les supprimer pour en mettre de plus convenables.

M. Cartier, voulant parer à cet inconvénient, envoya à Genève, à ses frais, six jeunes filles, pour qu'elles apprissent le métier de *régleuses de montres*. Leur apprentissage étant terminé, ces jeunes filles revinrent au Locle ; elles eurent elles-mêmes des apprenties, qui, bientôt, devenues ouvrières, se disséminèrent dans diverses localités du canton de Neuchatel, et c'est depuis ce moment que toutes les montres sortant du Locle et des autres manufactures neuchateloises, ne laissèrent rien à désirer sous le rapport du réglage.

M. Cartier, en cela comme en beaucoup d'autres choses, a donc mérité la reconnaissance de ses compatriotes. C'est ce qui explique l'empressement avec lequel les habitants du Locle se sont rendus à ses funérailles.

NOTE SIXIÈME.

Me trouvant à la Chaux-de-Fonds, qui n'est qu'à une distance très rapprochée du val de Ruz, je formai le projet d'aller visiter la manufacture de Fontaine-Melon, où l'on fabrique des ébauches de montres; mais je fus forcé d'abandonner ce projet, d'après l'avis de plusieurs personnes qui m'assurèrent qu'on ne me laisserait pas facilement pénétrer dans l'établissement pour le visiter. Je partis donc pour le Locle, d'où je devais bientôt me rendre à Besançon. Si, comme je l'espère, je retourne cet été en Suisse, je ferai de sérieuses tentatives pour pénétrer dans Fontaine-Melon.

8*

NOTE SEPTIÈME.

Antide Janvier naquit en 1751 et mourut le 23 septembre 1835, après avoir publié successivement l'*Essai sur les horloges publiques à l'usage des communes rurales*, un vol. in-8° ; les *Révolutions des corps célestes par le mécanisme des rouages*, un vol. in-8° ; le *Précis des calendriers civil et ecclésiastique*, un vol. in-12, et le recueil des machines qu'il avait composées dans sa jeunesse.

A. Janvier se lia d'amitié avec plusieurs hommes remarquables du dernier siècle, parmi lesquels on cite MM. de Sartines, de la Vrillère, de la Ferté, l'astronome Lalande, dont l'entremise lui fut utile auprès du roi Louis XVI, qui l'attacha à sa personne et lui donna un logement aux Menus-Plaisirs;

Ce célèbre artiste montra sa supériorité à toutes nos expositions nationales. A celle de 1823, il présenta trois pendules, dont une à équation, particulièrement remarquable par une grande simplicité de construction. Voici à ce sujet le texte même du rapport du jury. « En reconnaissant qu'il est de plus en plus digne de cette récompense (la médaille d'or), le jury croirait ne lui avoir rendu justice qu'à moitié, s'il n'ajoutait pas que, par son influence et par ses conseils désintéressés, M. Janvier rend journellement des services signalés à ses jeunes émules. Personne n'est plus érudit que lui : en traduisant les ouvrages des plus grands maîtres, il a fourni aux horlogers peu versés dans les langues anciennes les moyens d'étudier ces ouvrages...; il est le conseiller et l'appui de tous les jeunes artistes doués de quelque talent, et, ce qui n'est pas moins utile, leur censeur le plus sévère quand ils s'égarent. Le jury pense que personne n'a plus contribué à porter l'horlogerie française à l'état de prospérité où elle est actuellement parvenue. » (*Rapport du jury en* 1823, page 343).

Tel fut Antide Janvier, et ceux qui ne connaissent pas les dernières années qui précédèrent sa mort n'apprendront pas sans étonnement ou plutôt sans douleur que cet homme, le plus savant de tous les horlogers qui se sont succédé en France et probablement en Europe, depuis deux cents ans, est mort dans la misère, dans le plus complet dénûment. Il était obligé pour vivre... pourquoi ne le dirions-nous pas? de demander en quelque sorte l'aumône à ses amis, à ses confrères.

Nous savons bien que Janvier avait des défauts essentiels; il ne connaissait pas le prix de l'argent, il le dépensait follement, sans se préoccuper de l'avenir, etc.; mais ces défauts ne nuisaient qu'à lui-même et ne lui ôtaient pas une parcelle de son immense talent, et ce talent, qui était universellement reconnu, n'aurait-il pas dû, par exemple, lui ouvrir les portes de l'Académie des sciences, qui se sont ouvertes si souvent pour des hommes qui ne possédaient aucune science positive?

Un fauteuil académique, et il l'avait si bien mérité! lui aurait au moins assuré du pain pour ses vieux jours, et nous ne serions pas obligé de dire aujourd'hui que, dans un pays comme le nôtre, en plein dix-neuvième siècle, Antide Janvier, l'ami, l'égal de Lalande, le rival de Ferdinand Berthoud, l'homme enfin qui fut, sinon plus habile, du moins plus savant que Breguet, fut obligé de tendre la main... après avoir travaillé pendant soixante ans pour la gloire et la prospérité de l'horlogerie nationale.

Hélas! il est bien vrai que pour devenir membre d'une classe de l'Institut, il ne suffit pas d'être doué d'un talent supérieur; il faut, avant tout, avoir une position dans le monde, quelque chose comme une maison à la campagne, un beau salon à la ville, et surtout une grande salle à manger.

NOTE HUITIÈME.

Pourquoi la France n'a-t-elle pas, comme l'Angleterre, des fabriques de chronomètres? Telle est la question que chacun s'adresse. Quelques personnes répondent : « MM. Berthoud, Motel,

Winnerl, et plusieurs autres horlogers, font des chronomètres excellents. » J'en conviens, mais aucun de ces artistes ne dirige ce qu'on appelle une manufacture comme celle, par exemple, de Clerkenwel, à Londres, où l'on peut établir annuellement des milliers de chronomètres à un prix excessivement réduit. Je suis persuadé qu'il ne se fait pas en moyenne, en France, 40 chronomètres nautiques par an. Est-ce avec cela qu'on peut faire du commerce ? Est-ce là posséder des manufactures ? non, très certainement. Eh bien ! j'ai la certitude que, si on le voulait en France, on pourrait, en peu de temps, se mettre à même de rivaliser avec l'Angleterre pour la fabrication des montres marines. Quels moyens emploierait-on pour atteindre ce but ? C'est bien facile à expliquer. Il faudrait d'abord fonder une fabrique de blancs-roulants de chronomètres, ou plutôt, il ne serait pas nécessaire de créer une nouvelle fabrique ; celle de MM. Japy suffirait largement ; car, de même que ces honorables industriels font des blancs-roulants de pendules, ils pourraient parfaitement faire des blancs-roulants de chronomètres, si on leur donnait un calibre d'une parfaite disposition. Il est hors de doute que MM. Japy se mettraient en peu de temps à même de livrer des blancs-roulants de chronomètres à un prix qui ne dépasserait pas de beaucoup celui des blancs-roulants de pendules. Il resterait donc alors à exécuter, pour ces roulants, l'échappement, le balancier et quelques pièces accessoires.

Certes, ce n'est pas moi qui nierai l'importance d'un échappement de chronomètre, d'un spiral en hélice, d'un balancier compensateur. Ces trois choses demandent une exécution irréprochable et une justesse mathématique dans les principes; mais, Dieu merci, nous avons en France des artistes d'un grand talent, et s'ils se consacraient exclusivement à la fabrication des échappements à détente à ressort ou sur pivots, ils pourraient en livrer annuellement à la fabrique une quantité considérable. D'ailleurs, le besoin de ces échappements se faisant sentir, de nouveaux ouvriers se mettraient à l'œuvre, et il faudrait désespérer de l'art chronométrique en France, si nous ne parvenions pas, par ces moyens, à faire des montres marines égales, pour la qualité, à celles de l'Angleterre et à un prix excessivement réduit.

Nota. Je sais qu'on fait à Saint-Nicolas d'Arliermont, près de Dieppe, d'excellents blancs-roulants de chronomètres, mais ils sont d'un prix beaucoup trop élevé pour que l'on songe à s'en servir dans le cas où l'on voudrait introduire en France l'industrie chronométrique.

FIN.

Imprimerie Saintin-Dentan-Pinard,
Cour des Miracles, 9.